해외 창업
길라잡이

- 싱가포르편 -

* 본 서적의 내용은 싱가포르 비즈니스 시작을 위한 범용정보의 전달 목적이며, 상세한 내용에 대한 학술적, 법적 내용을 전달하는 것이 아닙니다. 따라서 모든 업무를 진행하실 때에는 반드시 전문가의 조언을 받고 진행하시기 바랍니다.

해외창업길라잡이 - 싱가포르편 -

지은이·아토즈싱가포르컨설팅 | **펴낸이**·오광수 외 1인 | **펴낸곳**·새론북스

편집·김건숙

주소·서울시 용산구 한강대로 76길 11-12, 5층 501호

TEL·(02) 3275-1339 | **FAX**·(02) 3275-1340 | **출판등록**·제 2016-000037호

jinsungok@empas.com

초판 1쇄 발행일·2019년 3월 29일 | **초판 3쇄 발행일**·2025년 10월 25일

ISBN 978-89-93536-55-3 (03320)

*도서출판 꿈과희망은 새론북스의 계열사입니다.

*책값은 뒤표지에 있습니다. 잘못된 책은 바꾸어 드립니다.

해외 창업 길라잡이

아세안의 중심지인 싱가포르에서의 창업 성공하기

싱가포르 편

SINGAPORE

아토즈 싱가포르 컨설팅

새론북스

머리말

싱가포르에 여행 오시는 분들은 마리나베이 센즈나 센토사등의 관광지와 남부아시아 각국의 음식을 맛볼 수 있는 맛집들을 떠올릴 수 있겠으나, 사업적인 측면에서 싱가포르는 아시아의 금융 중심, 중계무역도시, 물류의 중심지, 아세안 진출의 관문으로서 세계에서 비즈니스 하기에 가장 적합한 도시로 인정받고 있습니다.

종합상사의 관리부서에서 외환, 원가, 해외관리업무를 경험하고, 홍콩과 중국에서의 사업경험을 바탕으로 컨설팅 업에 종사한 지 약 15년이 되어 갑니다. 아토즈컨설팅을 통하여 홍콩과 싱가포르, 베트남의 법인설립과 운영에 대한 컨설팅을 진행한 지는 약 9년이 되었습니다. 전 세계 다양한 국가에서 사업을 하고 계시는 고객들과 만나고, 고객들의 사업에 맞는 자문을 드리며 아토즈컨설팅은 고객과 함께 성장하여 왔습니다.

싱가포르에 진출하는 많은 고객들을 만나면서 본인들의 사업영역에 대해서는 많은 지식, 경험을 축적하고 있으나 싱가포르의 법률이나 세무에 대한 이해는 충분히 가지고 있지 못한 채 이미 싱가포르에서 회사를 운영하고 있는 지인의 조언이나 인터넷상의 단편적인 정보에 기반하여 진출을 결정한 후 많은 시행착오를 겪으며 시간과 기회비용을 지불하는 모습을 보면서, 싱가포르 진출기업에 법인설립, 세무, 생활 등 전반적인 싱가포르 사업에 대한 안내서의 필요성을 느끼게 되었습니다.

해외창업 길라잡이 싱가포르 편은 그 동안의 싱가포르에서의 컨설팅 경험을 정리하여 이미 진출한 기업이나 진출을 계획하는 기업들과 저희의 컨설팅 경험을 공유하므로서 싱가포르에서 안정적으로 비즈니스를 진행할 수 있도록 돕는 것을 목적으로 하고 있습니다.

비록 적은 지면에 광범위한 내용을 정리하여 좀 더 세부적인 안내를 드리지 못하는 아쉬움이 있기는 하지만, 싱가포르에 진출하는 분들에게 싱가포르 사업과 생활에 대한 전반적인 이해를 드리는 데 주력하였습니다.

이 책을 통하여 많은 분들이 싱가포르사업에 대한 이해에 도움이 되기를 바랍니다.

현재 저희 아토즈컨설팅그룹의 회계사, 변호사들이 홍콩 본사를 중심으로 싱가포르 지사와 베트남 지사에서 한국 사업가들의 사업을 도와드리고 있습니다. 가까운 시일에 실제적인 경영컨설팅을 제공해 드릴 수 있는 기회를 가질 수 있기를 바랍니다.

이 책을 준비하면서 회사로서는 직원들이 가지고 있는 지식과 경험을 공유할 수 있었고, 일반적인 지식을 심화하는 소중한 경험이 되었습니다. 이 책이 나올 수 있도록 배시영 회계사와 임동훈 대표, 아토즈홍콩의 이승민 차장과 아토즈싱가포르의 민정희 매니저, 채금희 회계사, 안유정님, 김현우님이 중요한 역할을 해주었습니다. 이 자리를 빌어 감사의 말씀을 전합니다. 마지막으로 저희의 경험을 공유할 수 있도록 소중한 책을 엮어 주신 새론북스 출판사에도 감사의 말씀 드립니다.

아토즈컨설팅그룹 대표
한규성

• 차 례 •

머리말 • 004

chapter 1
싱가포르란? _11

제1절 | 싱가포르의 개요
제2절 | 싱가포르에서의 생활

chapter2
싱가포르 회사 설립 _25

제1절 | 진출형태의 결정
제2절 | 싱가포르 법인 설립
제3절 | 외국 법인의 지사 설립
제4절 | 연락사무소 설립
제5절 | 자주 받는 질문

chapter3
회사 설립 후 해야 할 일 _49

제1절 | 회사은행계좌 개설
제2절 | 해외 직접투자 신고
제3절 | 사무실 임대
제4절 | 비자신청
제5절 | 인사 및 노무
제6절 | 공증
제7절 | 자주 받는 질문

chapter4
회사 운영 시 주의사항 _109

제1절 | 급여의 지급
제2절 | 기장 업무(Book Keeping)
제3절 | 각종 대금 지불
제4절 | 부가세(GST) 등록

chapter5
싱가포르 회사법 _123

제1절 | 싱가포르 법제도
제2절 | 회사 내 조직 구성
제3절 | 주식 발행
제4절 | 회사의 청산 절차

chapter6
싱가포르 주식상장 _141

제1절 | 싱가포르 증권거래소 개요
제2절 | 주식시장별 구분과 상장절차

• 차 례 •

chapter7
싱가포르의 세무보고 _149

제1절 | 회계제도
제2절 | 결산 시 유의사항
제3절 | 감사제도
제4절 | 감사보고서 작성의 진행
제5절 | 연결결산이 필요한 경우의 감사

chapter8
싱가포르 세금 _177

제1절 | 법인세
제2절 | 개인소득세
제3절 | 부가가치세(Goods and Services Tax, GST)
제4절 | 인지세(Stamp Duty)
제5절 | 자주 받는 질문

chapter9
한국-싱가포르 조세조약 _239

제1절 | 조세조약 내용
제2절 | 한국-싱가포르 조세조약의 시사점

chapter10
다자간 금융정보 자동교환 협정 _251

제1절 | 다자간 협정의 개요 및 이행규정

chapter11
싱가포르의 가족생활 _259

제1절 | 주택임대
제2절 | 자녀 교육
제3절 | 싱가포르의 의료환경
제4절 | 은행계좌 개설 및 신용카드
제5절 | 주싱가포르한국대사관 관련 업무
제6절 | 한국으로의 귀국준비

chapter 1
싱가포르란?

대한상사는 홍콩 법인을 통한 중국시장 개척의 성공을 바탕으로 이번에는 아세안 국가에 진출을 하기 위하여 싱가포르 법인의 설립을 추진하고 있으며, 초대 주재원은 아시아사업부의 **성(星)차장**이다. 현재 성차장은 싱가포르 진출을 위하여 싱가포르 현지 사전 조사를 진행하고 있다.

싱가포르란?

제1절_싱가포르의 개요

1. 위치, 언어, 인종 등

싱가포르는 동남아시아 말레이시안 반도 제일 남쪽에 위치한 섬 지역으로, 역사는 그렇게 길지 않다. 1965년 8월 9일 당시 리콴유 수상의 결단에 따라서 말레이시아 연방에서 분리하여 독립국가를 선포하였다.

싱가포르의 정식명칭은 싱가포르 공화국(Republic of Singapore)이며, 국토 면적은 약 719㎢로 서울 면적의 약 1.2배에 해당하며, 2017년 기준으로 공식 인구는 561만 명이다. 국어는 말레이어이나 공용어는 영어, 중국어(만다린), 말레이어, 타밀어가 사용되고 있다. 비즈니스나 행정 관련 문서는 대부분 영어가 통용되고 있다.

2017년 기준으로 인구의 구성은 중국계가 74.3%, 말레이계가 13.4%, 인도계가 9%, 기타계가 3.3%를 차지하고 있다.

싱가포르에는 약 25,000명의 한국인이 거주하고 있다. 시민권 혹은 영주권 취득자가 약 3,300명, 정식비자를 보유한 장기 체류자는 약 20,000명이며, 도시의 특성상 거주 한인의 대다수가 주재원 및 그 가족이 차지한다. 이외에 한인회, 한국상공회의소 등의 단체가 있으며 한국 국제학교도 싱가포르에서 운영되고 있다.

싱가포르와 한국 간에는 90일간 비자 면제를 실시하고 있으며, 싱가포르를 방문하는 한국인 수는 매년 증가하는 추세이다.

2. 경제 발전

1960~70년대에는 섬유, 가전, 타이어 등 공업제품의 중계무역의 강점을 살려 가공 무역 등의 노동집약적 산업이 발전하였으나, 80년대에 들어 비용 상승에 따라서 제조업이 말레이시아나 태국으로 이동하였다. 싱가포르 경제의 중요한 산업 중 하나인 자본집약적인 석유화학산업이 이 시기에 발전하였다. 또한 1980년대 후반부터 90년대에 걸쳐서는 IT, 전자부품/기기, 정보처리 기기 등의 기술 집약적 산업이 발전하였다. 이 시기에 단순 제조산업은 점차적으로 다른 ASEAN 국가나 중국으로 이전되었다. 이때 싱가포르의 대표적인 전자부품 산업이었던 컴퓨터용 하드 디스크 제조업도 생산 거점을 중국으로 옮기거나 축소하게 되었다.

이 시기는 노동집약산업에서 고도 기술산업, 지식집약형 제품, 서비스 무역 등을 이용하는 무역활용형 경제 구조로 변화한 시기였다. 또한 싱가포르 정부는 다국적 기업의 아시아 지역본부 유치를 시작하였다. 2000년대에 들어서는 바이오 기술 등 지식 집약형 산업의 유치와 투자에 주력하기 시작했다.

2017년 기준 GDP는 USD3,336억 달러이며 전체 경제 규모는 크지 않으나 인구 수가 적어 국민 1인당 GDP는 약 USD59,500 로 세계 최고 수준이다.

1990년대 후반 아시아 금융위기 이후 명목 GDP는 계속해서 성장하고 있다. 2000년 대에는 2003년 사스 위기, 2009년 리먼 브러더스 사태 등의 저성장 요인이 있었으나 상대적으로 빠른 시간 내에 성장세를 회복하였다. 2009년 이후 센토사 섬 개발, 카지노 사업 도입 등으로 급격한 성장을 이루었다.

동남아시아 기타 국가들에 비하여 인건비나 임대료 등이 급상승하여 싱가포르 정부도 성장위주의 경제정책에서 안정위주로 정책 노선을 변경하였다. 따라서 향후 과거와 같이 급격한 성장 전략을 추구하기는 힘들 것으로 예상된다.

3. 정치 환경

싱가포르는 대통령 직선제하의 의원내각제를 채택하고 있으며, 의회는 단원제이다. 50년 이상 인민행동당(The People's Action Party, PAP)이 계속 집권을 해오고 있다. 인민행동당은 2015년 총선에서도 69.9%로 대승을 거두었으며, 한 정당에 의한 장기 집권에 대해서 대내외적으로 찬반양론은 있으나 지난 50년간 지속적으로 경제성장을 이루어낸 정부와 인민행동당에 대한 국민의 지지가 높은 상황이다. 2017년 대선을 통하여 최초의 여성대통령이며 인도와 말레이 혈통인 할리마 야콥 대통령이 선출되었으나 상징적인 직책으로 실제 영향력은 적은 편이며, 국부(國父)로 추앙받는 리콴유 전 수상의 아들인 현 리센룽 총리가 절대적인 정치적 영향력을 가지고 있다. 리센룽 총리는 권력세습에 대한 부정적인 시선에 따라서 70세 이전에 은퇴할 것임을 밝힌 바가 있다.

과거 영국의 식민지였으므로 영국의 보통법(Common Law) 체계를 기반으로 하는 입헌 공화제를 채택하고 있으며 행정, 입법, 사법으로 분리되어 있다. 행정부는 내각제를 채택하고 있으며, 대통령은 국가의 원수이다. 입법부는 단원제를 채택하고 있으며 5년에 한 번 총선거가 이루어진다. 수상은 대통령에 의해서 임명되며, 수상의 조언에 따라서 대통령은 수상 이외의 관료를 임명한다. 사법부는 최고 재판소, 고등 재판소, 지방 재판소 등으로 구성되며 사법독립이 되어 있다.

4. 사업 환경

싱가포르는 정치 안정성 및 경제 성장률 측면에서 다른 선진국이나 주변 개발도상국과 비교해 안정적으로 사업하기 좋은 환경을 가지고 있다. 세계은행에서 매년 발행하는 비즈니스 환경 리포트에 따르면 싱가포르는 매년 3위권 내의 위치를 유지하고 있다.

싱가포르는 IT 인프라가 잘 갖춰져 있어 어디에서든지 Wi-Fi를 통하여 네트워크에 접속을 할 수 있다. Singtel과 Starhub라는 대표적인 대형 통신사가 있으며, Singtel은 과거 공기업이 민영화된 기업이며, Starhub는 1998년에 설립된 비교적 신규 통신사업자이다.

사무실들은 주로 중심부(CBD, Central Business District)에 집중해 있으며 대기업들은 래플스 플레이스(Raffles Place) 주위에 위치하고 있다. 싱가포르의 땅값 및 임대료는 매년 급격한 상승을 보이고 있다. 이에 싱가포르 정부도 투기목적의 부동산 투자를 억제하기 위하여 단기 부동산 매매에 대한 인지세율 인상 등으로 대응을 하고 있으나 상승을 억제하기는 힘들어 보인다. 싱가포르 중심부의 임대료는 서울 강남의 임대료보다도 높은 편이다. 부동산 중개업체는 한국계 업체 및 로컬 업체가 있으므로 사무실의 위치는 사전에 예산 및 사업계획에 맞추어 중개업체와 상의를 하여 결정하는 것이 좋을 것이다. 소매업의 경우에는 쇼핑몰 등에 임차매장으로 들어가는 것도 한 가지 방법이며, 이 경우에는 일반적으로 쇼핑몰 개발업체가 관리업체인 경우가 많다. 일반적으로 사업을 운영할 브랜드의 컨셉이 쇼핑몰의 컨셉과 일치할 경우 입점하기 수월하다. 싱가포르에서 사무실, 점포 임대차 계약 관행은 한국과 비교해 볼 때 임대인쪽에 유리한 경우가 많다. 특히 중도 계약해지가 불가능하거나 임대인의 상황에 따라서 연장이 불가능한 경우도 있으므로, 비즈니스 플랜과 계약서 내용을 잘 확인한 후에 계약을 체결해야 한다. 싱가포르는 계약 기반 사회이기 때문에 철저한 계약이행이 요구되므로 계약 불이행에 대하여 임차인의 피치못할 상황을 이해해 주는 임대인은 별로 없다.

싱가포르인 직원들은 교육수준이 높은 편이며 영어도 네이티브 수준으로 구사할 수 있다. 그리고 주변 국가에서 다양한 인재가 공급되고 있으므로 주변 국가를 전부 컨트롤 하는 지역본부를 싱가포르에 설립하여 운영하는 다국적 기업들이 많은 편이다. 한편 우수 인재는 인건비가 높아 일부 기능에 대하여 주변의 말레이시아, 인도네시아, 필리핀 등에 아웃소싱을 맡기는 경우가 일반적이다. 이에 한국 기업으로서는 싱가포르에 지역 본사를 운영하여, 한국에서 채용하기 어려운 글로벌 인재를 활용하고, 중요도가 적은 기능이나 다른 국가에서도 지원이 가능한 기능이 있다면, 말레이시아, 인도, 베트남의 지역에 조직을 운영하여 해당 지역의 저렴한 인건비의 장점을 이용하는 것도 생각해 볼 수 있다.

싱가포르 사람들은 회사에 대한 충성도가 낮으며 급여조건이 좋은 회사가 있을 경우 쉽게 퇴직 통지 후 이직을 하는 경향이 있다. 특히 보너스 지급 시즌에 주의를 해야 한다. 1월 말에서 2월 초 사이 구정(Chinese New Year)에 지급되는 보너스 수령 후 퇴직을 하거나 3월부터 새로운 직장으로 출근하는 경우가 많다. 또한 외국계 회사의 경우 주재원과 현지인 직원들 간의 급여, 복지혜택 등의 차별에 대한 현지 직원들의 불만이 문제가 되는 경우도 있다.

5. 산업 환경

싱가포르는 정부가 주도적으로 금융산업을 육성하여 세계적인 금융허브로 발선하였다. 특히 정치적, 사회적 안정성, 국제기준에 부합하는 법률제도, 공정신속한 사법제도 등을 바탕으로 다국적 금융기업들을 유치하여 금융허브로 발전하였다. 최근에는 은행 위주의 금융정책에서 벗어나 핀테크 기술을 적극 수용하기 위하여 정부 기관 설립 및 각종 이벤트를 개최하고 있다.

싱가포르는 지리적으로 인도양과 태평양을 연결하는 전략적, 물류적 요충지에 위치하고 있다. 이런 지리적 장점을 활용하여 일찍부터 중개 무역항으로 발전하면서 물류산업이 발전하였다. 싱가포르는 120여 개국의 600개 이상의 항구와 연결되는 세계 최대의 환적항이며, 정부는 항구 확장, 신기술 도입 등 인프라 축적에 노력을 하고 있다. 싱가포르 창이 공항은 90개국의 약 400개 지역을 연결하는 허브 공항으로서 지속적인 확장 계획을 수립하고 진행 중이다.

제2절 싱가포르에서의 생활

1. 사무실 및 주택 임대

싱가포르에 진출하는 기업들의 가장 큰 고민 중 하나가 사무실 임대와 주재원 주택을 어디에 얻어야만 가장 효율적일 것인가 하는 것이다. 자녀 교육, 편리한 대중 교통, 쇼핑센터, 직장과의 접근성등 원하는 사안들을 모두 충족시켜주는 지역의 임대료는 상당히 높은 편이다. 주재원의 가족들이 지낼 집을 임차할 경우에는 Condo(콘도미니엄, 한국의 아파트), HDB(정부 임대 주택)가 대부분이지만 Town House(단독주택)도 가능하며, Partially Furnished(세탁기 및 냉장고만 구비)나 Fully Furnished(기본 가구와 가전제품 포함)로 임차하는 것이 일반적이다. 주재원의 경우에는 가족의 안전과 단지내 부대시설이 좋은 Condo에 거주하는 것이 일반적이며 Condo보다 임대료가 저렴한 HDB(정부임대 주택)도 있으며 넓은 주거 공간이 확보된 단독 주택도 임차가 가능하다. 경우에 따라 단기간만 머무는 경우 게스트 하우스, 에어비앤비, 홈 스테이를 이용할 수도 있다.

단신 부임의 경우 선택 가능한 스튜디오(Studio)나 원룸의 임대료는 지역에 따라 가격 차이가 있겠지만 대략적으로 CBD(Central Business District) 지역은 SGD2,000~3,500 선이며, 외곽지역(East: 공항 근처, West: Jurong West) SGD1,500~2,500 선, 보통은 SGD2,000~3,000 선에서 원룸을 구할 수 있다. 소가족(방 2~3개)일 경우 SGD2,500~4,500 선이며 더 넓은 평수(방 3개, 4개)로 교통이 편리하며 직장과 접근성이 뛰어난 지역을 원할 경우에는 좀더 높은 임대료(SGD5,000~7,000)를 지불해야 한다. 집 평수, 지역, 상태, 그리고 층에 따라 아주 다양한 형태의 집들을 만날 수 있을 것이다. 싱가포르에서 Condo라고 불리는 집들은 기본적으로 단지내에 수영장, 운동시설(Gym), 테니스 코트, BBQ Pit, Function Room(대회의장) 등과 같이 거주자의 편의 시설이 구비되어 있으며 출입시 Security Guard(경비원)의 통제를 받는 집들이 대부분이다. 현지 채용이 되었거나 회사에서 주택 보조를 받지 못하는 젊은 친구들은 비싼 임대료를 감당하기 어렵기에 Condo의 Room Share나 HDB의 One Room Share를 하는 것이 보편적이다. 룸임대의 경우는 부동산 중개업자를 통하지 않고 인터넷 상에서 룸 쉐어 메이트를 찾거나 한국인 커뮤니티에서 룸 쉐어 메이트를 찾는 것도 한가지 방법이다.

임대 물건을 찾는 것은 부동산 중개업자를 통하여 진행하는 경우가 대부분이며 부동산 중개업자는 현지인(싱가포르인) 뿐만 아니라 한국인 중개인들도 있다. 인터넷을 통해 개인적으로 집주인과 직접 거래하는 경우도 있으나 싱가포르 부동산 시장과 싱가포르 문화를 잘 이해하지 못하여, 퇴거 시 생각지도 못한 수리비 청구 등으로 금전적인 피해를 보는 경우도 발생하게 되므로 싱가포르와 한국의 문화를 모두 이해하고 있는 한국인 부동산 중개업자와 함께 집을 얻는 것도 고려해 볼 만하다. 현지 싱가포르인 부동산 중개업자의 경우에는 언어의 장벽과 서비스 정신의 부족으로 원하는 바를 상세하게 반영해 주지 않을 수도 있기 때문이다. 임대계약기간이 1년인 경우 계약시 집주인에게 월세의 1개월분의 보증금과 첫달 임대료를 지불하며 2년 계약일 경우 월세의 2개월분의 보증금과 첫달 임대료를 지불하는 것이 일반적이나 임대인에 따라 더 많은 보증금을 요구하는 경우가 있으므로 계약서 작성 전에 확인이 필요하다. 임차 계약이 성사되면 싱가포르 정부에 지불하는 STAMP DUTY(인지세) 라는 비용을 세입자가 부담해야 한다(임대료에 따라 지불 비용이 다름). 일반적으로 주택임대료는 생활비에서 가장 큰 비중을 차지하는 중요한 요소이므로 각 가정 형편에 맞는 최선의 선택을 요하는 중대한 결정이 될 것이다.

일반인들이 많이 사용하는 부동산 사이트는 Property Guru(https://www.propertyguru.com.sg)가 대표적이며 원하는 지역과 시세를 확인한 후 부동산 중개업자와 직접 접촉을 하거나 부동산 중개인에게 미리 의뢰하여 자세한 내용들을 확인하는 것을 추천한다.

한인부동산 중개업소 현황

성명	전화번호	이메일
임동훈대표	+65-9852-9050	icbank@msn.com
박완근대표	+65-8101- 9992	luke3525@naver.com
함재광대표	+65-9188-9838	Jeakwang.ham@gmail.com

부동산사이트

한국계 부동산 사이트	www.hankookchon.com	한인 위주Room Share, 단기 임대
싱가포르부동산 사이트	www.propertyguru.com.sg	가장 주거용 물건이 많은 부동산 사이트
	www.comercialguru.com.sg	가장 상업용 물건이 많은 부동산 사이트
	www.iproperty.com.sg	
	www.99.co	
	www.stproperty.sg	
	rentinsingapore.com.sg	룸 렌트 위주

2. 식생활

싱가포르는 외식 문화가 발달하여 집에서 요리를 하지 않는 경우가 일반적이다. 주택가 부근에는 호커센터(Hawker Center)라는 푸드코트가 자리잡고 있어 대부분 이곳에서 식사를 해결하는 것이 일반적이다. 호커센터의 음식비는 보통 SGD5~SGD8 정도로 싱가포르 물가에 비하여 저렴한 편이며, 호커센터의 음식 맛이 곧 싱가포르의 음식 맛이라고 할 수 있다. 일반적으로 호커센터는 중국식, 동남아식, 일본식 등 다양한 종류의 음식과 디저트가 판매되고 있으며 최근 한류의 영향으로 한국음식점도 호커센터에 많이 입점하고 있다. 중심가의 레스토랑의 경우 점심시간 기준으로 SGD20~SGD30 정도를 예상하면 된다. 이처럼 외식은 고급 레스토랑부터 호커센터와 같은 대중음식점까지 폭넓고 다양한 종류의 음식을 즐길 수 있다.

3. 보험

싱가포르는 싱가포르국민 및 영주권 보유자에 대해서 CPF라고 불리는 연금제도를 시행하고 있으며 한국의 국민 건강보험과 같은 의료보험 제도는 시행하고 있지 않다. 종업원에 대한 의료보험제공이 회사의 법적의무는 아니지만 회사는 종업원 복지차원에서 민영 보험회사를 통하여 종업원에게 단체 건강보험을 가입해 주는 것이 일반적이다.

주재원을 파견할 경우 주재원의 보험을 어떻게 처리할 것인가의 고려가 필요하다. 소규모로 사업을 시작하는 경우 한국에서 장기 여행자 보험이나 해외주재원 보험을 가입하는 경우도 많으며, 싱가포르의 보험회사에 따라서 가입조건, 보장내역, 제약조건이 있으므로 사전에 확인이 필요하다.

싱가포르 직원들에 대해서는 민영 보험회사의 단체 건강보험에 가입을 하거나 회사에서 한도를 설정하고 실비로 정산해 주는 방법도 가능하고 보험회사의 건강보험과 실비정산을 혼합하여 사용할 수도 있다. 법률상 건강보험 가입의 의무는 없으므로 노사 간의 협의하에 보험의 보장 범위를 결정하면 된다. 단 고용시장에 있어서 건강보험 제공은 회사의 경쟁력 중 하나라고 할 수 있다.

4. 교통

싱가포르에서 가장 많이 이용하는 교통수단은 MRT라는 철도 서비스이다. 시내 중심부는 지하철로 운영되며, 중심가를 벗어나면 고가철로 위를 달리게 된다. 시내 중심부에는 지하철 역이 매우 밀집되어 있다. 서울 지하철 2호선처럼 순환선을 중심으로 동서남북을 연결하는 형태로 노선이 뻗어 나가고 있다. 싱가포르 내 외국인 거주자 수가 지속적으로 증가하면서 출퇴근 시간의 철도 혼잡이 심각한 문제로 대두되고 있다..

버스는 싱가포르 시민에게 있어서 없어서는 안되는 교통수단이기는 하나, 이용방법에 익숙해지기까지는 많은 시간이 필요하다. 현지 교민들도 쉽게 이용하지 못하며, 원하는 대로 버스를 탈 수 있다면 싱가포르의 달인이라고 할 수 있다. 기본적으로 다음 도착지에 대한 안내 방송이 없으며, 목적지나 도착지의 이름도 도로명으로 확인하는 것이 일반적이므로 도로명이 익숙하지 않으면 이용하기가 쉽지 않다. 최근에는 스마트폰 어플리케이션이나 구글맵을 이용하여 버스노선과 내릴 곳을 확인할 수 있으므로 많은 이들이 활용하고 있다. 버스를 잘 활용하면 싱가포르 내에서 이동의 폭이 넓어지고 도로가 혼잡할 때도 택시보다 이동이 훨씬 쉽다.(대표 모바일 어플 : SG Buses 와 MyTransport. SG)

택시는 승차시간과 차종에 따라서 요금부과 방식이 달라진다. 그러나 다른 물가와 비교했을 때 택시요금은 저렴한 편이라 할 수 있다. 싱가포르는 차량 구매시 많은 세금을 납부해야 하므로 일반적으로 차량 소유보다는 택시를 이용하는 것이 일반적이다. 단 승차 금지구역의 승차나 교대시간 등에 따라서는 택시를 이용하기 어려울 수 있다. 택시 예약 어플인 그랩(Grab)을 이용한 택시와 개인차량 제공자의 이용이 일반화되고 있으며, 우버(UBER)의 싱가포르 철수 이후 차량 공유서비스인 타다(TADA)앱도 영업을 시작하였다.

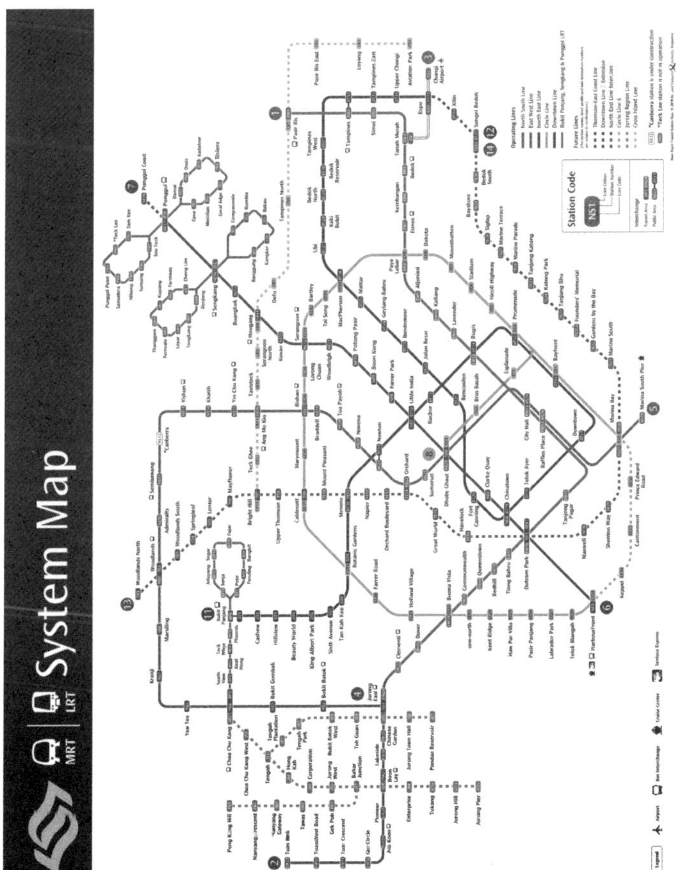

〈MRT 노선도 (2018년 5월 기준)〉

성(星)차장은 싱가포르에 대해서 조사하면서 싱가포르가 국가의 상황이나 사업환경이 홍콩과 비슷하면서도 차이가 있지만 싱가포르가 현재 회사에서 계획하는 동남아 진출에 적합한 도시라는 확신을 하게 되었으며, 싱가포르 법인설립을 진행할 최초 주재원으로서의 책임감과 설레임을 느낄 수 있었다.

chapter 2
싱가포르 회사 설립

성(星)차장은 싱가포르 법인의 설립을 준비하며 다양한 형태의 회사 종류가 있다는 것을 알게 되었다. 대학 졸업 후 바로 직장생활을 시작하여 회사를 설립해 본 경험이 없어 회사의 형태를 결정하는 데 어려움을 겪으며 인터넷에서 싱가포르 법인관련 컨설팅 업체를 찾던 중 아토즈 싱가포르 컨설팅이라는 업체를 알게 되었고, 아시아 사업부 총괄인 홍상무가 홍콩에서 도움을 받았던 아토즈 홍콩 컨설팅의 자매사라는 것을 알고 도움을 받기로 결정하였다. 아토즈싱가포르 컨설팅과 약속을 잡고 사무실을 방문하여 회사의 형태의 차이와 장단점을 상담받기로 하였다.

싱가포르 회사의 설립

제1절 진출형태의 결정

싱가포르 진출시에 주로 싱가포르 법인(Company), 지사(Branch), 연락사무소(Representative Office)의 3가지 진출형태를 생각할 수 있다. 싱가포르는 법인의 설립이 간단하며 각종 세제 혜택를 받을 수 있다는 점에서 법인 형태의 진출이 주를 이룬다. 연락사무소는 영업활동을 할 수 없으나 싱가포르 법인이나 지사에 비해서 설립 후 회사의 소득세 신고의 의무가 없고 유지관리 비용이 적어 초기 시장조사 목적이거나 철수의 가능성이 있다면 연락사무소 형태를 선택할 수도 있다.

1. 싱가포르 법인(Company)

싱가포르 법인은 회사법상 여러 형태로 구분된다. 가장 일반적인 형태는 주식에 의한 사적유한회사(Private Company Limited by Share)로 대부분의 회사가 이에 해당하며, 한국의 재단법인에 비교되는 보증에 의한 사적유한회사(Private Company Limited by Gurantee)가 있다. 또한 주식에 의한 사적유한회사 중 일정 요건을 충족한 법인은 주식에 의한 면제적 사적유한회사(Exempt Private Company Limited by Share)로 불리우며 일정 법적 의무사항의 면제혜택이 있다. 일반석인 회사를 회사법에 따라서 구분하면 다음과 같다.

1) 면제 사적유한회사(Exempt Private Company Limited by Share)

사적유한회사 중 주주가 20명 미만의 개인주주인 회사나 정부계 기업의 경우 정부가 인정하고 관보에 예외적 사적회사임을 인정받은 경우에 해당되는 회사 형태이다. 대부분 한국인 개인주주가 개인적으로 투자하여 싱가포르에 진출하는 경우 이에 해당되는 경우가 많다. 설립 후 3년 동안 세율면에서 혜택을 받는다.

2) 사적유한회사(Private Company Limited by Share)

진출형태 중에 가장 일반적인 비즈니스 형태이다. 주주가 50인 미만인 회사이며, 한국의 모회사가 주주가 되는 경우에는 1)의 면제적 사적유한회사가 아니라 여기에 해당된다.

3) 공적유한회사(Public Company Limited by Share)

주주가 최소 50인 이상인 경우에 해당되며, 일반으로부터 자금을 모집하므로 엄격한 법률의 제한을 받는다. 주식의 공모나 싱가포르 증권 거래소에 상장이 가능하다.

4) 보증에 의한 사적유한회사(Private Company Limited by Gurantee)

한국의 재단법인과 비교될 수 있는 회사의 형태로 싱가포르 내의 자선기관과 비영리법인에서 많이 사용하고 있다. 회사설립 후 면세인정 절차를 거쳐 면세혜택을 받을 수 있다. 주식이 발행되지 않으므로 향후 회사의 양도가 필요한 경우 양도가 어려운 단점이 있다.

5) 기타

회사법상 개인회사와 파트너십등의 회사형태가 있으나 싱가포르에 진출하는 한국계 업체에는 적합하지는 않다.

싱가포르 진출형태는 일반적으로 1) 또는 2)의 형태로 진행하게 되며, 감사인지정 및 감사보고서 작성의 요건을 정리하면 다음 표와 같다. 감사 보고서는 공개정보로서 누구라도 열람이 가능하다는 점에 유의할 필요가 있다.

요건	감사인지정 및 감사보고서 작성	비고
연 매출 SGD 10Mil 이하	3가지 요건 중 2가지 이상이 충족되는 경우에 면제	만일 주주가 법인인 경우, 주주인 법인과 합산하여 판단
자산 SGD 10Mil 이하		
직원이 50명 이하		

2. 지사(Branch)

외국법인의 싱가포르 지사가 해당된다. 싱가포르 지사는 싱가포르 내에서 법적으로 독립된 법인으로 간주되지 않고 외국법인으로 간주된다. 싱가포르 회사등록기관(ACRA)에 등록 시 본사의 정보가 등록되므로 외국법인의 등록 이사가 싱가포르 지사의 권한을 가지게 된다.

싱가포르에서는 싱가포르 법인의 설립이 일반적이지만 본사의 내부규정에 따라서 지사형태로 회사를 만드는 경우도 있다.

싱가포르 법인과 비교 시 장단점은 다음과 같다.

1) 지사의 장점

싱가포르 법인에서 본사로 자금을 보내야 하는 경우에는 배당금 혹은 대여금 등의 형식을 취하게 된다. 이때 배당금은 순이익 금액만큼만 배당이 가능하므로 손실이 발생한 회사의 경우에는 배당금으로 자금 반환이

어렵다. 또한 대여금의 경우 이자를 지급하여야 하며, 이율이나 이자에 대한 원천징수도 고려해야 한다. 이에 비해서 본사와 지사 간의 자금 이동에는 계약이 별도로 필요하지 않으므로 본사와 지사 간의 자금이동이 비교적 용이하게 진행될 수 있다.

싱가포르 법인은 설립은 간단하지만 법인 청산 시 약 6개월에서 1년 정도의 시간이 필요하며 시간과 비용이 많이 드는 반면 지사의 폐쇄는 법인에 비해 기간과 비용이 적기 때문에 빠른 철수가 예상된다면 지사형태의 설립도 고려해 볼 만하다.

싱가포르 법인의 경우에는 설립시 1인이상의 싱가포르 거주자를 이사로 임명하여야 하지만, 지사의 경우에는 1명의 현지 에이전트를 임명하여야 한다. 예를 들어 초기에 주재원 1명만을 파견하여 해당 주재원이 본사에서 낮은 직급인 경우, 해당 주재원이 비자취득 후 싱가포르 거주자로서 싱가포르 법인의 이사로 취임하는 것이 본사의 인사정책과 상충하는 경우에도 지사형태의 진출을 고려할 수 있다.

싱가포르 지사에서 손실이 발생한 경우 한국 본사의 세무보고시에 한국 본사의 이익과 지사의 손실이 상계가 가능하며, 한국 본사가 손실이 발생한 경우에도 지사의 손실이 합산되어 결손금으로 이월이 가능하다. 한편 싱가포르 법인의 경우, 손실이 발생하더라도 이 손실은 한국 본사의 이익과의 상계가 불가능하다.

2) 지사의 단점

지사의 설립 등기를 진행하는 경우, 해외 본사의 정관 및 법인 등기부 등본의 영문 번역 공증 및 본사등기이사와 주주에 대한 서류를 준비해야 하는 등 싱가포르 법인 설립보다 지사의 설립이 상대적으로 복잡하다. 또한 지사의 은행계좌개설 시에는 한국의 이사가 싱가포르를 방문해야 하는 번거로움이 있으며, 설립 후에도 본사의 이사변경, 주소변경 등이 발생하는 경우에는 싱가포르에도 변경사항을 신고해야 한다.

싱가포르 법인의 경우에는 해당 싱가포르 법인의 결산서만을 등기하면 되나 싱가포르 지사의 경우에는 영문으로 번역한 본사의 결산서를 함께 등기할 필요가 있다. 한국에서 본사의 결산서를 공개하고 있는 경우에는 크게 문제가 되지 않으나, 그렇지 않은 경우에는 싱가포르에서 한국 본사의 결산정보가 공개되어 누구라도 구입하여 열람이 가능하다.

지사에서 싱가포르 법인으로의 전환에는 시간과 비용 등 어려움이 많다. 우선 싱가포르 법인을 별도로 설립하고 각종 계약, 은행계좌 등을 이전시키는 한편. 취업비자도 싱가포르 법인의 소속으로 재취득하여야 한다. 모든 이행이 완료된 단계에서 지사의 폐쇄를 진행할 수 있다. 특히 고객이나 거래선 등과의 계약이 많을 경우에는 싱가포르 법인으로의 계약변경에 많은 시간이 소요되므로 몇 년 후에 싱가포르 법인으로 전환을 검토하고 있는 상황에서 싱가포르에 진출할 예정이라면 처음부터 싱가포르 법인으로 설립하는 것이 시간과 비용을 절약할 수 있다.

한국 법인의 싱가포르 지사의 경우에는 한국본사의 법인세 신고 시 싱가포르 지사에서 발생한 소득 또는 손실을 포함하여 신고하게 된다. 다만 싱가포르 법인에 적용되는 낮은 세율로 법인세를 납부하고 배당하지 않는다면 싱가포르 법인에 자금이 유보됨에 따라 한국 법인이 이 유보된 자금을 활용할 수 없는 단점이 있다.

업종이나 비즈니스 내용에 따라서 차이가 있을 수 있으나 싱가포르 법인이 싱가포르 현지기업과의 거래에 있어서는 지사보다는 신용도가 높을 수 있으며, 지사의 경우, 싱가포르에서 이루어지는 입찰에 참여할 수 없는 등 거래와 관련된 한계가 있을 수 있다. 반면에 지사의 경우에는 본사의 자금력이나 신용도를 인정받아서 거래에 활용할 수 있는 장점도 있을 수 있으므로 사전에 전반적인 검토가 필요하다.

지사의 결산 시점은 본사의 결산 시점과 동일하게 결정하는 것이 편리하며 본사의 결산 보고 일정에 맞춰서 지사의 결산을 가능한한 빨리 완료하는 것이 필요할 수 있다. 싱가포르 법인의 경우 첫해 연도에 결산기간을 최대 18개월까지 연장을 시킬 수가 있으나 지사의 경우에는 이런 연장이 불가능하다. 예를 들어 지사를 10월에 설립하더라도 본사의 결산이 12월 기준이라면 설립 후 3개월간의 결산을 진행하여 감사를 받아야 하는 경우도 발생할 수 있다.

3) 연락사무소(Representative Office)

연락사무소의 설립은 ACRA가 아닌 Enterprise Singapore(싱가포르 국제 기업청)에서 관할을 한다. 업무범위는 시장조사나 진출 시의 규제조사, 전시회 참가 등으로 한정되어 있으나 연락사무소를 설립하는 경우, 취업비자 신청의 자격을 얻게 되며, 연락사무소의 이름으로 사무실이나 주택의 임대계약을 체결할 수 있다. 또한 한국 본사의 업종에 따라 연락사무소의 설립이 제한될 수 있다. 예를 들면 사업내용이 은행업, 보험업, 투자업, 법률자문, HR 관련, 부동산임대일 경우에는 연락사무소 설립이 불가능하다는 것에 주의할 필요가 있다.

참고로 연락사무소는 아래의 활동을 할 수 없다.

- 판매계약의 체결이나 영업활동
- 사무실의 구입 후 임대
- 영업활동에 동반한 계약체결이나 본사를 대신한 인보이스, 영수증 발행
- 보수를 받는 서비스 제공이나 컨설팅 활동
- 본사의 판매 대리업무나 코디네이트
- 광고활동과 같은 판촉활동과 관련된 계약체결
- 품질관리를 위한 기술제공이나 컨설팅 활동

연락사무소는 싱가포르에서 싱가포르 법인 혹은 지사 설립을 위한 준비단계로 볼 수 있다. 연락사무소는 일반적으로 1년간 유효하며 갱신은 최장 3년으로 3년 이후에는 싱가포르 법인이나 지사를 설립하거나 싱가포르 연락사무소를 폐쇄하여야 한다.

만약 연락사무소가 지정한 활동을 벗어나 영업활동 등을 하는 경우 Enterprise Singapore에서 싱가포르 법인이나 지사로의 변경을 지시받는 경우도 있으며, 업종에 따라서는 연장이 불가능한 1년 허가를 받는 경우도 있다. 연락사무소는 수익활동을 할 수 없으므로 법인세나 GST에 관한 신고, 납세의무가 없으나, 주재원이나 종업원의 개인소득세 신고는 필요하다.

제2절 싱가포르 법인 설립

1. 설립 순서와 소요시간

회사 설립에 필요한 정보를 취합한 다음 우선 회사명의 예약을 진행한다. 회사명은 웹사이트(www.bizfile.gov.sg)에서 singpass로 로그인 후 회사명의 사용 가능 여부의 확인 및 예약이 가능하다. 법인 설립에 필요한 서류에 이사와 주주의 서명을 받은 후 회사설립 등기절차를 진행하며 인터넷으로 설립을 진행하므로 하루 정도면 법인 설립이 완료된다. 이에 설립 서류작성과 이사와 주주의 서명을 받는 시간에 따라 유동적이기는 하나 일반적으로 1주일 정도면 설립이 완료된다. 법인 설립 이후 법인의 명의로 사무실, 전화, 인터넷 등의 계약 체결이 가능하게 된다.

은행 계좌개설은 은행에 따라서 차이가 있으나, 일반적으로 계좌개설 신청 후 2~3주 정도 걸리며, 이때 은행현금카드, 일회성비밀번호 생성기, 인터넷 등록 비밀번호, 수표책 등을 우편으로 받게 된다. 자본금이 일정금액 이상인 경우, 개설된 싱가포르 법인 계좌로 자본금을 납입하고 증자절차를 진행하게 된다. 증자 등기에는 임시주주총회 개최와 신규 주주의 배당동의서 등의 서류가 준비된 후 증자금의 납입이 확인되면 약 1일 정도에 등기 완료된다.

즉 설립서류에 이사와 주주의 서명을 받는 것이 잘 진행된 후 바로 법인계좌개설을 진행한다면 2~3주 정도면 회사를 설립하고 계좌개설 및 법인명의의 계약을 체결하는 것이 가능해진다. 주재원이 근무를 하기 위해서는 취업비자를 취득하여야 하는데 이는 최소 3주 이상의 시간이 소요되며, 싱가포르 내 취업비자의 경우 거절율이 높아지고 있는 상황이므로 법인설립 진행 초기부터 주재원의 비자취득을 위하여 자본금 금액 설정, 싱가포르 현지 직원의 고용 계획 등을 고려하여야 한다.

참고로 싱가포르의 거주자로 Singpass를 보유한 자는 Bizfile이라 불리는 한국의 등기부 등본과 같은 자료를 ACRA의 홈페이지에서 구입할 수 있다. 이 Bizfile에는 회사의 주주구성, 이사의 이름, 주소, 여권번호, 자본금 등의 정보가 기재되어 있다.

ACRA는 'Accounting and Corporate Regulatory Authority'의 약자로 회사정보 뿐만 아니라 재무정보의 등기사항을 관리하면서 회계기준이나 공인회계사법의 감독관청의 역할을 한다.

2. 설립 시에 필요한 사전 결정 사항

1) 회사명

사용하고 싶은 회사명을 정하여 ACRA의 웹사이트(www.bizfile.gov.sg)에서 사용 가능여부를 확인 후 예약이 가능하다. 예약은 60일까지 유효하며, 예약기한이 경과했을 경우 다시 한번 동일명으로 재예약이 가능하다. ACRA가 회사명으로 적합하지 않다고 판단할 경우 혹은 유사 법인명이 있을 경우에는 그 법인명을 사용할 수 없으나 ACRA의 웹사이트에서 사용불가라고 확인된 경우라도 ACRA에 탄원(Appeal)을 할 경우 사용이 인정되는 경우도 있다. 일반적으로 싱가포르 법인명은 Pte. Ltd.(Private Limited)로 끝나게 된다.

2) 사업내용

싱가포르 법인은 사업내용에 제한이 없으며 정관이나 등기부 등본에 기재된 사업목적의 범위 내에서만 사업을 해야 한다는 제약은 없다. 또한 업종등록은 규정된 SSIC 코드라고 불리는 리스트 중에서 최대 2개까지 등록이 가능하며, 이때 선정한 업종코드는 정부의 통계나 은행계좌개설 시 사업의 증빙을 준비하는데 참고가 된다.

3) 주소

일반적으로 법인 설립 전에는 싱가포르 법인의 명의로 임대차 계약을 체결할 수 없으므로 기존에 있던 사무실의 일부를 빌려쓰는 경우가 아니면 설립시 등기주소를 준비하는 것은 불가능하다. 이에 설립을 대행하는 회사의 주소를 일정기간 사용하여 설립등기를 하는 경우가 많다.

4) 주주 및 자본금

주주에 대해서 특별히 나이 제한은 없으며, 설립시 자본금은 최소자본금인 SGD1로 설정하는 것이 일반적이며, 자본금이 많은 경우, 은행계좌개설 후 실제 자본금을 회사계좌에 송금 후 증자를 진행하게 된다. 최초의 주주가 설립 멤버가 돼서 회사를 설립한다. 설립 멤버의 수에는 제한이 없으며 개인 또는 법인이 모두 주주가 될 수 있다. 자본금의 통화는 반드시 SGD 일 필요가 없으며 다른 통화(USD, CNY, JPY 등)로 설정하는 것도 가능하다. 이에 향후 회계보고 시를 감안하여 거래에 가장 많이 사용하는 통화로 자본금을 설정하는 것이 유리하다.

복수의 이해 관계자가 주주로 참여하는 경우에는 사전에 상호협의를 거쳐 배당이나 주식 양수도에 대해서 주주 간에 계약 내용을 정관에 포함시키는 것이 좋다.

5) 이사

싱가포르에는 이사의 수의 제한은 없으나(정관에 정해져 있을 경우에는 정관에 따름)

싱가포르 거주자인 이사가 최소 1명 이상 임명되어야 한다. 싱가포르 거주자는 싱가포르 국적 보유자, 싱가포르 영주권 소유자 또는 싱가포르의 고용비자 보유자로 싱가포르에 거주주소를 가지고 있는 자이어야 한다.

싱가포르에 처음 진출하는 기업은 설립 초기에는 로컬 이사선임이 불가능할 수 있으므로 설립을 대행하는 서비스 회사에서 소개하는 로컬 이사를 선임하고 법인설립 후 주재원이 비자를 받는 경우, 주재원을 로컬이사로 임명하는 것도 가능하다. 이때 서비스 회사는 로컬이사의 서비스 비용과 보증금을 요구하는 경우가 일반적이다.

3. 설립에 필요한 서류

설립에 필요한 서류는 설립을 대행하는 서비스 회사에 따라 조금씩 차이가 있으나 일반적으로는 다음과 같다.

1) 정관(Constitution)

정관은 회사의 설립, 조직, 업무 활동 등에 관한 기본규칙을 정한 문서로 일반적으로 Constitution이라고 부른다. 회사 설립을 대행하는 서비스 회사는 표준정관의 샘플이 있으며, 이를 기본으로 작성하는 것이 일반적이다.

2) 최초 이사회 결의서(Director's Resolution)

주주, 이사, 등기 주소 등을 결의하는 이사회 회의록에 이사의 서명이 필요하다.

3) 이사 취임선서(Form 45)

이사에 취임하기 위한 최소 요건(연령, 범죄 이력이 없을 것)을 충족하고 있다는 것을 선서하는 서류에 이사가 각각 서명을 해야 한다.

4) 위임장(Power of Attorney)

설립 멤버(주주)가 법인일 경우에는 위임장을 통하여 법인설립 서류에 주주법인을 대표하여 서명할 대리인을 임명하게 된다. 주주 대리인은 그 주주인 법인의 대표이사일 필요는 없으며, 이 서류에 의해서 권한을 부여받은 사람이면 누구라도 관련 권한을 부여받게 된다.

필요서류	내용	서류작성의 필요정보	서명자
Constitution	회사정관	없음	설립 멤버(주주 대리인)
Director's Resolution	회사설립에 관한 이사회 결의서	회사명, 회사주소, 회사 사업내용, 자본금의 통화/주식 수	이사 전원
Form 45	회사의 이사 취임 동의서	회사의 이사 전원의 이름 여권번호 현 거주주소	이사 전원
Power of Attorney	주주 대리인을 선임 (개인주주는 필요없음)	대리인의 이름, 여권번호 현 거주주소	설립 멤버 법인의 이사

제3절 외국 법인의 지사 설립

1. 등록 순서와 소요시간

등록 순서는 싱가포르 법인 설립과 유사하나 설립에 필요한 서류에는 차이가 많다. 지사는 싱가포르에 설립하는 것이 아닌 외국법인을 싱가포르에 등록하는 것이므로 싱가포르 법인과 달리 자본금 혹은 이사의 임명 절차가 없다. 이에 지사의 설립 시에는 외국본사의 자본금 및 이사의 내용 등이 보고된다.

- 지사 등록에 필요한 사전 결정 사항
- 지사명 예약
- 필요서류 준비 및 서명, 공증
- 지사 등기
- 지사 계좌 개설

2. 등록 시에 필요한 사전 결정 사항

1) 지사명

싱가포르 법인과 같이 지사명의 예약을 진행한다. 본사의 영문명칭에 Singpore Branch 등을 붙이는 것이 일반적이다.

2) 사업내용

지사의 사업내용은 싱가포르 법인의 경우와 같이 SSIC 업종코드로 등록하게 된다.

3) 주소

등록 시에는 등록을 위탁하는 설립서비스회사의 주소를 사용하는 경우가 많다.

4) 로컬 대표자(Local Representative)

로컬 대표자는 최소1명이 등록되어야 하며, 싱가포르 거주자이어야 한다. 싱가포르 거주자는 싱가포르 법인의 로컬 이사와 같이 싱가포르 국적 보유자, 싱가포르 영주권 소유자 또는 싱가포르의 고용비자 보유자로 싱가포르에 거주주소를 가지는 자를 의미한다. 또한 로컬 대표자는 지사의 행위에 대해서 법적인 책임을 지게 된다.

3. 설립에 필요한 서류

설립에 필요한 서류는 업무를 대행하는 회사에 따라서 조금씩 차이가 있으나 일반적으로는 다음과 같다.

1) 로컬 대표자 임명서

로컬 대표자를 선임하는 서류로서 영문으로 작성 후 일반적으로 본사의 이사가 서명하며 변호사공증을 받아야 한다.

2) 본사의 등기부등본

본사의 최신 법인 등기부등본을 영문으로 번역한 다음 변호사공증을 받아야 한다.

3) 본사의 정관

본사의 최신 정관을 영문으로 번역한 다음 공증을 받아야 한다.

4) 본사의 이사 명부

본사의 등기부 등본 상 모든 이사의 이름, 주소, 국적, 여권번호, 이사 선임 일자 등의 정보를 기재 후 대표이사가 서명하게 된다.

제4절 연락사무소 설립

1. 설립 순서와 소요시간

신청은 Enterprise Singapore의 웹사이트(https://ie.enterprisesg.gov.sg/E-Services/Setting-up-a-representative-office)에서 온라인으로 이루어진다. 한국 본사의 등기부

등본의 영어 번역본이 필요하지만 본사 등기임원 관련 정보의 공증이 필요하지 않아 신청이 간단하다고 할 수 있다. 일반적으로 신청 후 약 1주일 내에 Enterprise Singapore로부터 안내 메일을 받게 되며, 오류가 없을 경우에는 이 시점에서 설립 승인이 이루어진다. 추가 정보나 자료 제공을 요구받는 경우도 있다. 또한 본사는 다음의 조건을 반드시 충족해야 한다. 본사의 매출액이 USD250,000 이상, 설립한 지 3년 이상 경과하여야 하며, 연락사무소 직원 수는 5명을 초과할 수 없다.

2. 사전에 준비할 자료

1) 본사에 관한 정보

회사명, 본사주소, 전화/FAX 번호, 이메일, 웹사이트, 사업내용, 주주 구성(대주주 정보, 지분율)

2) 관련회사의 정보

싱가포르에 관련회사가 있을 경우 정보

3) 연락사무소 정보

주재원 대표의 이름, 연락사무소의 주소, 활동내역, 설립 후 2년 간 예산 계획 등

4) 설립에 필요한 서류

(1) 본사의 결산서

- 최근의 재무상태표와 손익계산서(영어 번역본), 원칙적으로 감사보고서도 함께 제출

(2) 본사의 등기부 등본

- 영문 번역공증본을 제출

(3) Acceptance of Terms and Conditions

- 연락사무소를 설립하기 위해서는 반드시 기본조건에 관한 승인서에 등기이사의 서명, 국적, 여권 번호와 본사의 법인인감의 날인이 필요하다. 양식은 Enterprise Singapore의 사이트에서 다운로드 가능하다.

(4) 본사의 안내자료

- 회사의 개요를 설명하기 위해서 같이 제출하는 것이 좋다.

참고) 싱가포르 법인과 지점, 연락사무소 차이

항 목	싱가포르 법인	Branch Office(지점)	연락사무소(대표처)
회사명	새로 등기	본사 이름 + Singapore Branch	본사 이름 + Representative Office
영속성	영속성	영속성	최대3년
설립요건	1인 이상의 주주 및 이사	본사가 해외에 존재	본사매출 USD250,000 이상 모회사 설립 후 3년 이상 최대 직원 5명이하
자본금	SGD1.00 이상	설정하지 않음	적용안됨
이사	선임된 자 - 최소 1인 이상의 Local Director	본사의 이사 - 최소 1인이상의 Local Representative	적용안됨 - Chief Representative 임명
주주	신규등재	본사의 주주	적용안됨
영업활동	가능	가능	불가능
세무신고	순이익의 17% (세율상 혜택적용)	순이익의 17%(외국법인으로 세율상 혜택미적용)	임직원 개인소득세 의무만
연보고서 제출	Must	Must(본사감사보고서 포함)	적용안됨
과세적용	싱가포르 거주자로 Local 세금혜택가능	싱가포르 비거주자로 과세되어 Local 세금혜택이 불가능	적용안됨
세금혜택	개인이 10% 이상의 주식을 소유하는 경우, Local 세금 인센티브와 리베이트 가능	부분적인 면세	적용안됨

회계감사	아래에서 2가지에 해당하는 경우 작성 - 매출액 S$1천만불 이상 - 총자산 S$1천만불 이상 - 직원수 50명 이상	법인과 동일	적용안됨
소요시간	3시간	3시간	3-5일
구비서류	주주, 이사의 여권사본 주주, 이사의 영문주소지 증빙 *주주가 법인인 경우 (영문 사업자등록증명, 법인등기부등본)	본사의 법인등기부등본 영문번역 공증본 본사의 영문사업자 등록증명 본사의 법인정관 영문번역 공증본 (대상일 경우)본사의 감사보고서 영문번역 공증본 *한국에서 법적으로 감사보고서 작성대상이 아닐 경우 면제 가능 본사의 등기이사 전원 여권사본, 영문주소지증빙 본사의 감사 전원 여권사본, 영문주소지 증빙	본사의 법인등기부등본 영문번역 공증본 본사의 영문사업자 등록증명 (대상일 경우)본사의 감사보고서 영문번역 공증본 *한국에서 법적으로 감사보고서 작성 대상이 아닐 경우에는 면제 가능
은행 계좌 개설시	등록된 이사 방문	본사의 이사 1인 과 Local Representative	Chief Representative 방문 (은행마다 다소 차이가 있을 수 있음)

제5절 자주 받는 질문

1) **질문 :** 한국에서 개인사업자를 운영 중인데 싱가포르에서도 개인회사의 설립이 가능한지요?

답변 : 싱가포르에도 한국과 같이 개인사업자(Sole Proprietorship)의 설립이 가능합니다. 하지만 싱가포르 거주자(영주권자, 시민권자)가 아닌 경우, 최소 한 명의 싱가포르 거주자인 매니저를 임명하여야 합니다.

따라서 싱가포르의 비거주자인 한국인이 개인회사를 설립하는 것은 현실적으로 어려운 점이 있습니다. 참고로 개인사업자의 경우, 개인소득세율의 적용을 받으며, 회사의 채무 등에 대하여 무한책임을 지게 되므로 실무적으로 추천드리지 않습니다.

2) **질문** : 저희 회사는 한국에서는 법인회사를 운영하고 있습니다. 싱가포르 법인을 설립하려고 하는데, 싱가포르 법인과 싱가포르 지사 중 어떤 형태가 유리한지요?

답변 : 한국 법인이 싱가포르에 진출하는 경우 싱가포르 법인 혹은 싱가포르 지사를 설립하는 것이 일반적입니다.

연결 재무제표 작성이 이루어지지 않았던 시점에는 해외에 설립하는 회사가 지사일 경우 한국 본사의 매출에 합산을 할 수 있었으므로 지사 형태로 법인 설립이 많이 이루어졌습니다.

최근에는 한국 법인이 주주로 출자하여 싱가포르 법인을 설립하는 경우 한국에서 연결 재무제표를 작성하는 경우가 많으므로 본사 매출액을 고려하여 지사를 설립하는 경우는 적어지고 있습니다. 오히려 지사로 회사를 설립할 경우 설립 과정에서 본사 관련 자료를 공증해야 하는 수고로움과 한국 본사의 감사보고서와 한국 본사 변경사항에 대하여 싱가포르에도 보고해야 하는 불편함이 있을 수 있습니다. 다만 일부 건설회사의 경우 진출 초기 지사의 형태로 진행을 많이 하고 있습니다.

이는 진출 초기 정부 입찰 등에 참가하기 위해서는 회사의 실적을 증명하여야 하는데, 지사의 경우 한국 본사의 실적을 지사의 실적으로 인정받을 수 있기 때문입니다.

3) **질문** : 법인을 설립하려면 자본금을 얼마나 설정해야 하나요?

답변 : 싱가포르의 최소자본금은 SGD1입니다. 법인 설립 시 자본금은 실제 회사의 운영을 위하여 투자되는 자금의 전체금액과 자본금 및 대여금액, 비자의 신청 등을 종합적으로 고려하여 결정하는 것이 좋습니다.

참고로 한국의 자본금은 수권 자본금과 납입 자본금으로 구분되지만 싱가포르에서는 납입 자본금만 존재합니다. 또한 설립 전 자본금 계좌가 없어 상대적으로 자본금의 금액이 큰 경우, SGD1 혹은 SGD1,000로 법인 설립 후 은행계좌를 개설한 후 자본금을 납입하고, 증자의 단계를 거치게 됩니다.

4) **질문** : 운영비용 절감을 위해서 연락사무소를 설립하고 영업활동을 하고자 하는데 가능한가요?

답변 : 연락사무소는 규정상 싱가포르 내에서 시장조사, 정보수집, 고객대응 등의 업무만 수행이 가능하며, 일체의 영업활동을 할 수 없습니다. 따라서 영업활동을 하는 경우 싱가포르의 규정을 위반하는 것이 되며 연락사무소책임자의 처벌과 연락사무소의 폐쇄를 명령받을 수 있습니다. 또한 연락사무소의 명의로 개설된 은행계좌는 은행에서도 거래 실적에 대해서 관찰의 대상이 되기 쉽습니다. 연락사무소의 경우 본사에서의 운영비 송금, 연락사무소 운영비, 인건비 등만이 발생해야 하므로 은행에서도 거래 건수가 많은 경우 거래 실적에 대해서 상세한 소명을 요구하는 경우가 발생하기도 하며, 영업활동을 한 것으로 확인될 경우에는 계좌가 폐쇄되는 경우도 발생합니다.

5) **질문 :** 한국 법인을 싱가포르 법인 설립 시 주주 및 이사로 등록하고 싶은데 가능한지요?

답변 : 싱가포르 회사법(Company Ordinance)에 따르면 주주의 경우 법인(Body Corporate)의 등록은 가능합니다. 하지만 이사의 경우 반드시 개인(Natural Person)만이 가능하며, 최소 1인의 싱가포르 거주자가 임명되어야 합니다.

6) **질문 :** 개인이 싱가포르 법인의 주주나 이사가 되는데 특별한 제한은 없는지요? 또한 법인 설립을 위하여 싱가포르를 방문하여야 하는지요?

답변 : 개인은 이사로 임명되기 위하여 나이는 만 18세 이상이어야 하며 최대 나이 제한은 없습니다. 파산 혹은 사기 등의 범죄기록이 없어야 합니다.

주주의 경우 특별한 나이 제한은 없으며, 싱가포르 거주 여부와 상관이 없습니다.

또한 법인 설립을 위하여 싱가포르를 방문할 필요는 없으나 계좌개설 시에는 최소 2인 이상의 이사가 싱가포르를 방문하여 은행 담당자와 은행계좌개설을 위한 미팅의 진행과 서명을 등록하여야 합니다.

7) **질문 :** 지사(Branch Office)로 설립을 하였는데 한국 본사의 임원이 변경되었습니다. 싱가포르에도 신고를 해야 하는지요?

답변 : 지사는 한국 본사를 그대로 싱가포르에 옮겨 둔 형태라고 보시면 됩니다. 따라서 지사 설립 시에는 한국 본사의 등기 현황과 동일

하게 등기를 하며, 한국 본사의 정관을 가져와 동일한 정관에 따라서 지사를 운영하게 됩니다. 한국 본사의 등기 임원이 변경되었거나 주소, 자본금 금액의 변동 등이 발생한 경우에는 싱가포르의 규정에 따라서 싱가포르의 기업등록국에 변경 신고를 진행해야만 합니다.

8) **질문 :** 간사회사(Company Secretary)는 어떤 일을 하는 것인가요?

답변 : 간사 혹은 관리회사 등으로 불리는 Company Secretary는 한국에는 존재하지 않는 제도입니다. 회사의 운영과정에 있어서 회사의 이사나 주주에게 법률이나 운영에 관한 조언을 해주는 역할을 담당하게 되며, 회사 구성에 있어서 중요한 역할을 수행하게 됩니다. 싱가포르 회사법에는 반드시 Company Secretary로 싱가포르에 거주하는 개인을 지정하도록 하고 있습니다. 특히 싱가포르의 경우 법률상 요구하는 의무사항을 위반하였을 경우 벌금금액이 높은 편이므로 현지의 법률, 회사 운영의 관습 등을 잘 이해하고 있는 전문인을 임명하는 것이 각종 의무위반으로 인한 금전적 손실과 기회비용을 줄이는 방법이 될 수 있습니다.

성(星)차장은 홍콩법인을 진행했던 과거의 기록들을 참조하면서, 컨설팅 회사의 도움으로 회사 형태별 장단점을 비교 분석한 후 향후 회사의 발전을 위하여 지사가 아닌 법인 형태로 회사를 설립하는 것으로 회사에 건의하여, 본사의 승인을 받았다. 싱가포르 법인을 설립하고 향후 싱가포르 법인 최초의 주재원으로서 법인설립부터 운영의 책임을 가지게 된다는 것에 대하여 뿌듯함과 책임감을 가지게 되었다.

chapter 3
회사 설립 후 해야 할 일

성(星)차장은 싱가포르 법인의 설립 후 사업을 시작하기 위해 싱가포르에 주거래은행을 결정하기 위하여 싱가포르 내 은행들의 차이를 비교하였으며, 은행담당자와의 회사계좌개설 미팅을 위한 자료를 준비하면서, 실제 싱가포르에서 주재원 생활을 시작되고 있음을 느끼게 되었다.

제3장 회사 설립 후 해야 할 일

제1절 회사은행계좌 개설

싱가포르에서 영업활동을 시작하기 위하여 우선 해야 할 일은 은행계좌 개설이다. 싱가포르의 은행은 한국계 은행의 싱가포르 지사, 싱가포르 현지 은행, 그리고 HSBC, CITI, Standard Chartered 등의 글로벌 은행으로 구분할 수 있다. 각 은행별로 장단점이 있으므로 사용목적, 향후 사업전략 등을 감안하여 계좌개설은행을 선택하는 것이 좋다. 필요에 따라서는 복수의 은행에 계좌를 개설하고 사용목적에 맞게 분리하여 사용하는 것도 좋다.

일부 싱가포르 은행의 SGD법인계좌는 당좌계좌(Current Account)와 저축계좌(Saving Account)로 구분되는 경우가 있는데 당좌계좌는 주로 수표 결제 목적으로 사용되고 이자가 거의 발생하지 않으므로 저축계좌를 기본 입금 계좌로 하며, 수표의 발행에 맞추어 당좌계좌의 잔액을 유지하는 것이 좋다. 싱가포르 내에서는 거래 관습상 수표의 사용이 많다.

1. 한국계 은행

한국계 은행은 KEB하나은행, 신한은행, 우리은행, 산업은행 등이 싱가포르에 지사를 설치하여 운영하고 있다. 상기 은행들에서 법인계좌를 개설할 수 있다. 한국계 은행의 경우 한국에서 거래관계가 있는 은행이 있다면, 해당 은행의 싱가포르 지사에 계좌를 개설하는 것이 은행의 법인계좌개설 심사 시 유리하게 작용할 수 있다. 한국계 은행은 한국인 직원들이 근무하고 있으므로 은행업무에 한국어 대응이 가능하며 업무처리가 빠르다는 장점이 있다.

단점은 싱가포르 현지 업체와의 거래가 많은 경우 싱가포르 현지 은행에 송금 시 송금수수료가 상대적으로 비싼 경우 수수료가 부담될 수 있고, 대외적으로 은행의 인지도가 낮은 경우 다국적 기업들과의 거래가 많은 경우 은행의 지명도가 떨어지는 점이 있을 수 있다. 또한 은행에 따라서는 ATM 카드, 신용카드, GIRO 납부 등의 서비스를 제공하지 않는 경우도 있으므로 사전에 확인이 필요하다.

2. 싱가포르 현지 은행

싱가포르 현지 은행은 DBS(Development Bank of Singapore), OCBC(Oversea-Chinese Banking Corp.), UOB(United Overseas Bank) 등이 대표적이다. 싱가포르 전역에 ATM이 설치되어 있으며, 싱가포르 현지 기업 등과의 거래, 싱가포르 정부, 공기업 등에 세금 및 대금 납부 등에 있어서도 편리하며 한국계 은행에 비해서는 수수료가 약간 저렴한 편이다. 싱가포르 내 소액 거래가 많은 업종의 경우에는 현지 은행의 계좌를 개설하는 것이 유리하다. 한국계 은행과 현지 은행에 각각 계좌를 개설하여 한국과의 거래는 한국계 은행의 계좌를 이용하고 결제 권한이나 OTP는 한국본사에서 관리하고 현지 은행의 계좌에 대해서는 주재원이 결제 권한이나 OTP를 가지고 소액 결제 등에 이용하는 것도 한가지 운영 방법이다.

싱가포르 은행은 서명을 등록하고 사용하게 되므로 현지 은행에서 계좌개설 시에는 계좌의 서명권자(Authorised Signatory)로 등록되는 사람이 반드시 은행원의 면전에서 서명확인을 하여야 한다. 따라서 계좌개설 시 서명권자로 등록될 사람은 반드시 싱가포르로 방문을 해야 한다. 향후 모든 은행제출 서류에는 등록된 서명권자의 사인이 필요하므로 급하게 계좌를 개설하는 경우 서명권자의 싱가포르 방문 가능여부를 고려하여야 하며 향후 업무 진행에 있어서 서명권자의 사인을 용이하게 받을 수 있는지도 고려해야 한다.

최근 전세계적으로 조세회피, 자금세탁 등의 방지를 위하여 고객의 심사가 강화되어 법인계좌 개설이 점점 어려워지고 있다. 주주 관련된 정보, 자본금의 출처, 이사의 경력, 거래의 증빙 등 다양한 정보를 확인한 후 계좌개설 승인 여부가 결정된다. 싱가포르 법인의 주주가 한국 법인이거나 한국 법인의 싱가포르 지사일 경우에는 한국 법인에 관한 정보도 은행에 제출해야 하므로 계좌개설에 시간이 좀더 오래 걸리는 편이다.

현지 은행이나 글로벌 은행의 경우에는 기본적으로 회사의 은행계좌 서명권자가 영어로 의사소통이 가능한 것이 유리하다. 은행에 따라서는 인터뷰 과정에서 커뮤니케이션이 불가능하다고 판단할 경우에는 계좌개설 심사 자체를 거절하는 경우도 있다. 계좌의 문제가 있는 경우 서명권자 본인이 직접 은행 창구를 방문하거나 전화로 고객센터에 연락을 해야 하며, 대리인 혹은 위임권자가 창구를 방문하거나 전화를 하는 것은 인정되지 않는다. 서명권자의 영어 능력에 문제가 있어서 계좌개설이 거절되거나 은행업무진행에 문제가 발생하는 경우를 가끔 경험하고 있다. 언어적인 문제가 있다면 한국계 은행을 이용하는 것이 한가지 대안이 될 수 있다.

1) DBS Bank Limited

1968년 싱가포르 개발을 위하여 설립된 정부투자 은행으로 이전에는 싱가포르 개발은행(Development Bank of Singapore)의 이름을 가지고 있었다. 현재 동남아시아를 중심으로 싱가포르 이외의 국가에서도 사업을 전개하고 있다. 1998년에 싱가포르의 우편금융기관인 POSB를 인수하여 규모로는 싱가포르에서 가장 큰 은행이다. 현재는 사업영역을 계속 확대하여 약 40개국에서 은행업을 하고 있다. 싱가포르에서 직접 사업체를 운영하는 경우에는 괜찮으나 페이퍼 컴퍼니 형태로 운영하는 경우에는 법인계좌 개설에 어려움이 있으므로 사전에 잘 확인을 하고 계좌개설을 진행해야 한다.

2) OCBC (Oversea Chinese Banking Corporation)

1932년에 설립된 화교자본의 은행으로 싱가포르에 본점을 두고 있다. 국내외의 금융관련 매체들에서 선정하는 국제 은행 랭킹에서 1위를 차지한 적도 있을 정도로 평가가 높다. 동남아시아의 화교 경제권에 점포를 두고 글로벌 네트워크를 구축하고 있다. UOB와 ATM 기를 공유하여 추가 부담없이 OCBC 은행과 UOB은행 고객들은 두 은행의 ATM 기를 이용할 수 있다.

3) UOB(United Overseas Bank Limited)

1935년에 화교 자본가들이 합작하여 싱가포르에 설립한 United Chinese Bank가 시초이다. 이후 싱가포르 소규모 현지 은행들을 인수하면서 규모를 확장하였다. 현재는 DBS, OCBC와 함께 싱가포르 3대 현지 은행으로 인정받고 있다.

3. 글로벌 은행

싱가포르는 중요 국제 금융센터의 역활을 담당하고 있으므로 대부분 글로벌 은행들이 싱가포르에 자리를 잡고 있다. HSBC, CITI, STANDARD CHARTERED 등의 대부분의 글로벌 은행뿐만 아니라 많은 Private Bank, Investment Bank가 싱가포르에 위치하고 있다.

HSBC, State Bank of India, Standard Chartered Bank, Maybank, Bank of China의 5개 은행은 ATM5라는 네트워크를 운영하고 있다. 이는 은행 지점과 ATM 수가 제한되는 외국계 은행들이 서로의 네트워크를 공유하여 고객들이 현금을 인출하거나 결제할 수 있도록 만들어진 네트워크이다. 예를 들어 HSBC 은행을 사용하는 고객은 Maybank 지점에 들러 ATM5 로고가 그려진 ATM 을 통해 수수료없이 예금을 인출할 수 있다.

다중 통화계좌 개설, 복잡한 금융상품 판매 등을 주로 하고 있으나 현실적으로 신규 싱가포르 법인을 설립 후 바로 글로벌 은행에 법인계좌를 개설하는 것은 어려운 경우가 많다. 따라서 한국계 은행이나 현지 은행에 계좌를 개설하여 사업 실적 및 법인세 납부 실적 등을 쌓은 다음 글로벌은행의 법인계좌 개설을 시도하는 것이 성공 가능성을 높힐 수 있다.

4. 법인계좌 개설을 위해 준비할 사항

1) 싱가포르 법인 관련 자료

- Bizfile
- 정관(Constitution)
- 이사회결의서 : 계좌개설은행 및 서명권자의 임명

2) 이사/주주 관련 자료

- 여권
- 개인일 경우 : 영문 주소 증빙자료(한국인의 경우, 영문 주민등록 등본 혹은 초본)
- 법인일 경우 : 영문 법인등기부등본 공증본 / 영문 사업자등록증 / 주주 명부 등

3) 비즈니스 증빙자료

- 이사/주주의 기타 국가에서의 비즈니스 증빙자료(계약서, 인보이스, B/L 등)
- 싱가포르 법인 사업계획서

4) 은행 초기 예치금

5) 은행 별 추가 요청자료

5. 은행 인터뷰

금융 감독당국(MAS)의 지시에 따라 계좌개설 시 은행은 반드시 법인의 이사와 대면 인터뷰를 해야 하며 본인 여부를 확인하고 법인의 이사가 실제로 어떤 역할을 하고, 어떤 업무를 수행하는지를 확인해야만 한다. 인터뷰는 일반적으로 영어로 진행하게 되며, 한국계 은행의 경우에는 한국어로 진행하는 경우도 있다. 인터뷰를 통해서 은행 담당자는 비즈니스의 내용을 파악하고 향후 은행계좌가 실제 다른 목적으로 사용될 수 있는 가능성은 없는지 확인하게 된다. 비즈니스를 증명할 수 있는 자료, 비즈니스 경험, 향후 비즈니스 계획, 현재까지의 준비 현황에 대한 질문을 주로하게 된다. 현업경험 상 일부 고객의 경우 인터뷰 후 계좌개설이 거절되는 경우도 있으므로 인터뷰 전 법인설립을

도와 준 자문회사와 사전에 계좌개설에 대한 준비를 하는 것이 좋다. 최근 은행들이 상당히 보수적으로 신규고객의 심사를 강화하고 있는데, 이는 신규고객 유치를 통한 매출의 증가보다 신규고객의 은행계좌가 향후 다른 목적으로 사용되는 위험의 가능성이 있는지 확인하는 것에 더욱 신경을 쓰고 있기 때문인 것으로 분석된다. 법인계좌개설 후에도 법인계좌와 관련된 문제가 발생하는 경우 은행은 회사의 이사에게 연락하거나 우편으로 연락을 취하게 되므로 이사와의 영어 커뮤니케이션이 중요하다. 영어가 유창하지 않더라도 질의응답에 적극적으로 대응하여야 한다.

6. 법인 계좌 관리

법인계좌 개설 후 계좌의 유지에 주의하여야 한다. 특히 계좌와 관련하여 문제가 있다고 판단될 경우 은행은 전화나 이메일 뿐만 아니라 우편물로 고객사에 연락을 취하게 되는데 은행에서 연락을 받을 경우에는 반드시 답변을 해야 한다. 가끔 영어로 전화가 오거나 우편물이 오면 영어의 어려움이나 귀찮음 등으로 방치를 하다가 계좌를 폐쇄당하는 경우가 종종 발생하기도 한다. 대부분의 은행들은 연락을 취할 때 반드시 언제까지 회신을 달라는 기한을 명시하고 이를 지키지 않을 경우에는 계좌를 동결시키거나 계좌를 폐쇄하기도 한다. 이러한 은행의 권리는 계좌개설 시에 서명하는 약관에 기재되어 있다. 따라서 계좌 유지를 위해서는 은행에서 오는 연락에 대하여 적극적으로 답변을 하는 것이 중요하다.

7. 자금 조달 방법

설립 초기에 필요한 자금은 모회사 혹은 주주에게서 자본금의 형태로 조달하거나 관련회사로부터의 차입금, 은행 등의 금융기관에서 차입금 등이 있을 수 있다.

구분	장점	단점
자본금	수속 절차가 간단	이익이 발생하는 경우에만 주주에게서 배당요구 받음.
주주 및 관계자 대여금	대여금 변제 형식으로 자금을 환원할 수 있음	계약서 작성 및 이자지급 등의 절차가 필요
은행에서 차입	현지에서 현지통화로 조달 가능	현실적으로 담보의 제공이 전제됨

1) 자본금

싱가포르 법인의 최소 자본금은 SGD1이므로 SGD1로 법인의 설립이 가능하지만 주재원의 취업 비자 발급을 고려하는 상황이라면 최소 SGD100,000 이상으로 자본금을 설정하는 것이 좋다. 싱가포르 법인의 증자는 주주총회 및 이사회의 증자결의와 자본금의 입금 후 자본금증자의 사실을 BIZFILE 사이트(www.bizfile.gov.sg)에 등록하게 된다.

모회사가 투자금의 회수를 필요로 하는 경우, 법인의 이익 범위 내에서 배당이 가능하므로 만일 회사가 적자 상태라면 자본금의 감자를 통해서만 회수가 가능하다. 따라서 단기적으로 모회사나 주주에 환원해야 하는 자금의 경우, 자본금으로 설정하는 것은 적합하지 않다.

예를 들어 싱가포르 법인을 통하여 장기보유 목적으로 베트남 자회사에 출자를 할 경우에는 일반적으로 자본금으로 하는 것이 좋으며, 만약 관련회사에서 대여 형태로 조달할 경우 원금상환 시까지 계속 이자를 지급해야 하는 불편함이 있다. 단 세무적인 측면에서 대여금으로 조달하는 것이 유리한 경우도 있으므로 실제 상황에 따라 결정하여야 한다.

2) 관계자 차입금

관련회사 혹은 개인에게서 대여금으로 차입하는 것은 자본금과 달리 향후 상환능력이 있을 경우에 적합하다. 자본금으로 출자를 받을 경우에는 모회사, 자회사의 관계가 설정되어 자금상환과 이자 지급의 의무가 없으나, 대여금으로 조달하는 경우 돈을 빌려준 사람에게 자금상환과 이자를 지불해야 하는 의무가 발생한다. 이자를 지불할 경우 적정이율 여부, 싱가포르에서의 원천징수 문제, 대여자의 이익 수입에 대한 과세 등을 사전에 검토해야 하며 시장상황에 따라서는 대여조건의 조정이나 이자 지급 업무처리 등 업무부담이 늘어날 수 있으므로 이러한 문제 등을 고려하여 대여금으로 처리할 것인지의 사전 검토가 필요하다. 싱가포르에는 과소자본세제(자본에 비하여 관련 회사 대여 비율이 높은 경우에는 해당 회사 차입에 대해서 지급하는 이자를 배당으로 인식하여 세무상 손금 불산입하고 배당으로 간주하여 원천소득세를 공제하는 제도)는 없으나, 대여금의 용도에 따라서는 지급 이자의 일부 또는 전부가 세무상 손금인정이 안되는 경우도 있으므로 주의가 필요하다.(예, 수익이 발생하지 않는 자산관련 이자비용)

3) 은행 차입

싱가포르에 설립된 지 얼마 되지 않은 신생 법인은 현지에서 신용이 없기 때문에 현지 은행이나 글로벌 은행에서의 차입은 현실적으로 어려우므로 주로 한국계 은행을 통하여 차입을 하는 경우가 많다. 일반적으로 한국의 본사나 주주가 보증하여 은행이 싱가포르 법인에게 대출을 진행하게 된다.

제2절 해외 직접투자 신고

1. 한국의 외환관리법

한국의 외환관리법상 한국거주자 개인 및 한국에 주된 사무소를 둔 법인은 해외에 투자, 대여, 지사 및 연락사무소를 설립하는 경우 반드시 사전 신고 후 승인을 득한 후 해외로 자금을 송금할 수 있으며, 투자 이후에도 변경 사항이 발생할 경우에는 변경신고를 해야 한다. 사전 신고가 원칙이며 예외적인 상황에 한하여 사후 신고를 허용하고 있다. 이에 해외 직접투자 신고에 대한 규정을 사전에 잘 이해하여 관련규정의 미이행으로 발생할 수 있는 벌금 등을 피하는 것이 안전하다.

2. 해외 직접투자의 정의

1) 외국법령에 따라서 설립된 법인(설립 중 포함)의 경영에 참가하기 위하여 의결권이 있는 발행주식 총 수의 10% 이상의 지분을 취득하는 경우

2) 외국법령에 따라서 설립된 법인에 대해서 상환기한 1년 이상의 금전대여를 통하여 해당 법인과의 지속적인 경제관계를 맺기 위한 거래 또는 행위

3) 법인형태가 아닌 지사 또는 연락사무소 설치, 확장, 운영

4) 해외 자원개발사업 및 사회 간접자본 개발사업을 하기 위하여 자금을 지급하는 행위

5) 지분이 10% 미만이더라도 다음의 경우에는 해외 직접투자에 해당함

- 임원을 파견하는 경우
- 계약기간 1년 이상인 원자재 또는 제품의 매매계약 체결
- 기술의 제공도입 또는 공동연구개발 계약의 체결
- 해외 건설 및 산업 설비 공사를 수주하는 계약의 체결

3. 해외 직접투자 신고 시 유의사항

1) 외국환 거래은행 지정

외국환의 거래는 반드시 지정한 은행을 통해서만 거래가 이루어져야 한다.

- 법인 : 당해 기업의 주채권은행 혹은 여신 최다은행
- 개인 및 개인사업자 : 본인이 지정하고자 하는 은행

2) 실제 투자 내용과 일치

투자의 형태(지분투자인지 대여인지), 투자 주체(명의 대여, 차용, 공동여부), 투자 대상 기업 등이 반드시 신고 내역과 일치해야 한다.

3) 취득가액의 적정성 확인

취득 예정인 외국법인의 주식 또는 지분이 액면가액과 취득가액이 틀릴 경우에는 차액의 적정성을 확인하기 위해서 전문 평가기관 등의 평가서나 의견서를 제출해야 한다.

4) 해외 직접투자 신고 시 제출서류

해외 직접투자 신고 시 제출하는 서류는 지정하는 은행에 따라 요구 자료가 다를 수 있으나 일반적으로 제출하는 서류는 다음과 같다.

- 해외 직접투자 신고서
- 사업 계획서
- 사업자 등록증(법인, 개인 사업자), 주민등록등본(개인), 납세증명서(공통)
- 금전 대차 계약서(상환기한 1년 이상의 대부의 경우)
- 합작 투자 계약서(외국 자본과 합작 진행 시)
- 현물 투자 명세표(자본이 아닌 현물 출자 시)
- 기타 해당 은행 지정 서류

4. 해외 직접투자 변경 신고

신고 내용에 변경사항이 발생할 경우 반드시 사전 신고를 해야 한다.

1) 변경 신고 대상

- 외국 법인의 지분율 변경
- 자회사 혹은 손자회사의 설립
- 투자금액의 변경
- 청산

2) 거주자간의 양수도

거주자간에 지분의 양수도가 이루어질 경우 양도자가 해외 직접투자 신고를 했더라도 자동 승계가 되지 않으므로 양도인은 해외 직접투자 내용 변경 신고를 해야 하고, 양수인은 신규로 해외 직접투자 신고를 해야 함.

3) 사전 신고 예외 대상

- 투자자의 상호, 대표자, 소재지 변경

- 해외법인의 상호, 소재지 변경
- 투자자의 합병 및 분할, 경영상의 급박한 사정으로 사전 신고가 어려울 경우

단 추가 금액이 필요하지 않은 경우에 한함

4) 제출 서류
- 해외 직접투자 내용 변경 신고서 (최초 신고서 포함)
- 해외 직접투자 내용 변경 사유서
- 자회사 혹은 손자회사 설립에 관한 계약서 및 사업 계획서
- 거주자간 양수도 계약서

5. 해외 직접투자 신고 후 송금 시 주의사항

1) 반드시 승인받은 지정 거래 외국환 은행을 통해서 송금이 이루어져야 한다.

2) 송금은 유효기한(보통 1년) 이내에 이루어져야 하며, 경과 후에는 실효되므로 재신고를 해야 한다.

3) 제출 서류
- 투자금송금 : 송금 보고서(송금 후 즉시), 납세 증명서, 개인신용정보 조회동의서
- 현물 출자 : 현물투자명세표, 수출 신고 필증(현물 출자 후 즉시), 필요한 경우 감정평가서

6. 외화증권(채권) 취득 보고

1) 증권 취득 보고서는 투자금액(대여금액) 납입 후 6개월 내에 제출해야 한다.

2) 증권 취득 보고서와 첨부 서류의 내용이 반드시 일치해야 한다.

3) 제출 서류

- 외화 증권(채권) 취득 보고서
- 해외법인의 등기부 등본 또는 공증서, 증권사본
- 대부 투자 시 : 상대방의 대부금 영수증명서

7. 사업실적 보고

1) 사업실적 보고서는 투자금액에 따라서 해당하는 자료를 회계기간 종료 후 5개월 내에 제출해야 한다.

2) 투자 업종이 부동산 관련업종일 경우에는 투자금액에 상관없이 연간 사업실적 보고서를 제출해야 한다.

3) 제출 서류

- 투자 금액 미화 100만불 초과 시
  - ㄱ. 연간 사업실적 보고서
  - ㄴ. 현지 공인 회계사가 작성한 감사 보고서 또는 현지 세무사의 세무 보고서
- 투자 금액 미화 50만 불 초과 100만 불 이하 시
  - ㄱ. 현지법인 투자현황표
- 투자 금액 미화 50만 불 이하: 제출면제

8. 청산 보고

1) 청산 즉시 잔여재산 또는 원리금을 반드시 지정 거래 외국환 은행을 통해서 회수하고, 회수한 다음 즉시 신고기관에 청산보고를 해야 한다.

2) 비거주자에게 지분 전액을 매각했을 경우에는 청산에 준하여 보고해야 한다.

3) 청산 보고서와 첨부 서류의 내용은 반드시 일치해야 한다.

4) 청산 보고 시 제출 서류
- 해외 직접 투자 사업 청산 및 대부채권 회수 보고서
- 등기부 등본 및 청산 종료를 입증할 수 있는 자료
- 청산 손익 계산서 및 잔여재산 분배 전의 재무상태표
  현지 공인 회계사가 작성한 감사 보고서를 함께 제출해야 한다.
- 잔여 재산 회수에 대한 외국환 은행의 외화 매입 증명서 또는 현물 회수의 경우 세관의 수입 신고 필증

5) 대부 채권 회수 시 제출 서류
- 해외 직접투자 사업 청산 및 대부채권 회수 보고서
- 외화 매입 또는 예치 증명서(송금처 명기)

9. 주의사항

해외 직접투자 신고는 법인설립 과정에서 제일 실수를 많이 하는 부분이다. 해외 직접투자 신고는 반드시 거쳐야 하는 절차이므로 사전에 철저한 준

비를 통하여 해당 규정을 준수하기를 제언한다. 특히 최근 국제적인 조세협약 체결, 국제조세 공조 등으로 인하여 해외 직접투자 신고를 하지 않고 운영을 하다가 적발을 당하는 경우가 늘어날 것으로 보이며 향후에는 더욱 국가 간의 협조가 강화될 예정이므로 안전한 비즈니스를 위해서는 사전 신고를 철저하게 진행하는 것이 좋다.

만약 사후에 외환 관리법을 위반한 사항이 적발될 경우 다음과 같은 처벌을 받을 수 있다.

<table>
<tr><th rowspan="2">미신고금액</th><th colspan="5">위반시점</th></tr>
<tr><th>2006년
3월 3일 이전</th><th>2006년
3월 3일 이후</th><th>2009년
2월 4일 이후</th><th>2011년
8월 1일 이후</th><th>2016년
6월 3일 이후</th></tr>
<tr><td>50억 원 초과</td><td rowspan="4">거래정지
(1년 이내)
*형사벌칙
동시 부과 가능</td><td rowspan="3">거래정지
(1년 이내)
*형사벌칙
동시 부과 가능</td><td rowspan="2">형사 벌칙
(1년 이하 징역
또는
1억 원 이하
벌금)</td><td>형사 벌칙
(1년 이하 징역
또는
1억 원 이하
벌금)</td><td rowspan="2">형사 벌칙
(1년 이하 징역
또는
1억 원 이하
벌금)</td></tr>
<tr><td>10억 원 초과
~50억 원 이하</td><td rowspan="2">과태료
최고 100만 원
혹은 2%,
최저 50만 원
혹은 1%</td></tr>
<tr><td>2만 달러 초과
~10억 원 이하</td><td>과태료
최고 100만 원
혹은 2%,
최저 50만 원
혹은 1%</td><td>과태료
최고 100만 원
혹은 2%,
최저 50만 원
혹은 1%</td></tr>
<tr><td>2만 달러 이하</td><td colspan="4">경고</td></tr>
</table>

제3절 사무실 임대

1. 싱가포르 부동산 현황

싱가포르는 한정된 국토위에 인구밀집도가 높아 자연스럽게 고층건물들이 늘어나게 되었으며, 대형 부동산 회사들이 주로 대형빌딩들을 소유하고 관리하고 있어 세계적인 경제위기상황 속에서도 단위 면적 당 높은 임대료를 유지하고 있다.

싱가포르에서의 계약은 철저한 이행을 전제로 하며 만일 계약의 위반이 있는 경우에는 법적인 조치와 금전적인 보상을 요구하게 된다. 한국에서 부동산 계약이라 할지라도 한쪽 상황에 따라 상호 합의하에 계약을 해지해 주는 등 상대의 상황을 이해해 주는 인간적인 면이 있는 것과는 상당한 차이가 있다. 이에 계약서 내용을 숙지하고 상대적으로 불리한 조항이 있다면 수정을 요구하여야 한다.

2. 사무실 임대

1) 장소 결정

사무실을 임대하기 위해서는 먼저 부동산 중개인을 결정하여야 한다. 일반적으로 사무실 임대는 임대인이 중개수수료를 지불하는 것이 일반적이며, 중개인에게 원하는 사무실의 위치나 가격 등의 조건들을 가능한한 상세히 알려 주어야 시간과 수고를 줄일 수 있다.(2년 미만의 거래나 일정 기준 이하의 임대료일 경우, Sub-Rent 일 경우 임차인이 중개료를 지불해야 하는 경우가 있다.)

일반적으로 특정업종이 지역별로 모여 있는 경우가 많으므로 지역별 특성을 고려하여 사무실 혹은 점포를 임대하는 것이 좋다.

- 금융/법률 관련 업종: Marina Bay, Raffles Place, Tanjong pager(CBD지역)
- 창고형 무역: Changi Airport 근처, Jurong, Tuas & Woodland(외곽지역)
- 의류도매: Orchard Road, Suntec City, Vivo City, Bugis & Jurong East 지역(MRT 연계지역)
- 젊은 층 상대 소매: Orchard, Suntec City, VIVO City, Tampines, Jurong East & West, Bugis 지역
- IT: Suntec City, Central & Bounavista 지역
- 한식당: Tanjong Pagar Road, Bukit Timah Road, VIVO City, Novena, Tampines 일대

사무실의 위치는 향후 직원의 채용에도 많은 영향을 끼치게 되는데 싱가포르 현지인의 경우 CBD(Central Business District) 지역의 MRT(지하철) 역근처에 위치한 사무실에서 근무하는 것을 선호하고 있다. CBD는 Raffles Place, Shenton Way, Robinson Road의 금융가와 Suntec City, Chinatown, Tanjong Pagar의 전통적인 오피스 지역, 그리고 바다를 메워 건설된 Marina Bay Financial Centre 근처의 금융가 지역을 지칭한다.

2) 인터넷상에서 물건 확인

사무실의 경우 일반주택에 비해 인터넷상에 공개된 물건이 적은 편이다. 우선 장소를 결정하는 과정에서 인터넷을 통하여 원하는 지역의 대략적인 가격대를 확인해보는 것이 좋다. 사무실 임대는 사무실 임대인의 성향에 따라 임차인(Tenant)의 업종이나 자본금 규모와 같이 요구하는 조건들이 있을 수 있으므로 중개인을 통해 사무실을 구하는 것이 좋다.

- www.commercialguru.com.sg
- www.iproperty.com.sg
- www.srx.com.sg
- www.99.co

3) 사무실 빌딩 방문

인터넷으로 원하는 지역과 가격대를 조사한 다음 현지를 방문하여 지하철 역과의 거리, 주변의 버스노선, 건물의 노후도, 주변 환경 등을 확인해야 한다. 부동산 중개인에게 사무실 및 주변시설에 대한 안내를 받을 수 있으며, 일반적이며 대형 부동산 프랜차이즈 점포를 이용하는 경우 다른 지역의 계열점을 통하여 원하는 물건의 소개도 가능하다. 싱가포르 부동산은 스퀘어 피트(sqft) 단위를 사용하므로 사전에 단위에 대한 변환을 염두에 두어야 한다. 1 square metre는 10.764 square feet이며, 참고로 1평은 35.6 스퀘어 피트(sqft), 1,000sqft = 28평 정도에 해당된다.

4) 부동산 계약

사무실 빌딩의 경우, 임대인은 전문 부동산 관리회사인 경우가 많으며, 개인 소유의 사무실은 많지 않은 상황이다. 임대인은 개인명의의 임차인보다는 법인명의의 임차인을 선호하는 경향이 많기에 법인 설립 후 부동산 계약을 진행하는 것이 일반적이다.

싱가포르에 처음으로 진출하여 현지 사정이 어두운 경우 월임대료는 좀 비싸지만 단기 계약이 가능하고 바로 업무를 시작할 수 있는 Service Office를 임대하고 싱가포르 사정을 이해한 후 실제 사무실을 임대하는 것도 좋다.

일반적으로 사무실 보증금은 2년 임차 시 월세의 2개월분을 예치하고, 3년 임차일 경우 3개월분을 예치하게 된다. 따라서 2년 임대 시에는 보증금으로 2개월 월세와 첫달 월세를 함께 지급하여야 하므로 3개월치의 월세를 준비하여야 한다. 외국인만으로 구성된 회사이거나 신생 회사인 경우, 임대인이 3개월치 이상, 많게는 6개월치 보증금을 요구하는 경우도 있으므로 이러한 경우 임대인과 협의를 통해 필요이상의 보증금을 예치하는 것을 피하는 것이 좋다. 아무것도 없는 비어 있는 사무실(Bare Condition)을 임대하는 경우 임대가 시작되기 전 약 한 달 정도의 Fitting Out Period(Rental Free Period)가 주어지게 되는데 이 기간은 임차인에게 사무실 인테리어를 하기 위한 기간으로 임대료를 받지 않는다.

부동산 계약 시 중요한 부분은 계약 기간과 계약 해지 조건, 변경 가능한 조건이다. 만약 계약 기간 중 회사의 사정으로 계약을 해지하는 경우가 발생한다면 보증금을 돌려받지 못하는 것이 일반적이며, 경우에 따라서 계약 해지를 위해서 잔여기간의 월세를 전부 요구하는 경우도 있기에 사전에 계약서를 통해 계약 해지 조건과 방법 등을 명확하게 확인할 필요가 있다.

일반적인 계약서의 경우, 계약 종료 시에는 임대 시 넘겨받은 조건과 동일한 상태로 임대 물건을 반환해야 한다. 대부분의 사무실 임대의 경우 아무것도 없는 텅 비어 있는 상태(BARE CONDITION)가 대부분이기에 계약 종료 시 설치된 인테리어와 사무실 가구와 집기들이 없는 Bare 상태로 임대인에게 반환해야 한다. 계약 종료 후 보증금은 임대인이 사무실 상태를 면밀히 확인한 다음 하자나 수리를 요하는 경우가 없을 시 보증금을 돌려 받을 수 있으며, 만약 임대인의 요구가 있다면 임차인은 임대인이 원하는 상태로 수리를 하거나 해당 수리비용을 보증금에서 차감한 금액을 돌려 받게 된다. 보증금 반환 기한은 평균적으로 1개월~3개월 정도 시간이 소요되기에 초기 계약서 작성 시 보증금 반환에 대한 내용도 명확히 확인해야 하며, 입주 시 사무실의 상태를 동영상이나 사진들을 찍어 보관하여 퇴거 시 분쟁의 소지를 없애는 것이 좋다.

부동산 계약 시 가장 주의해야 할 점은 계약서에 명시된 조건들을 정확하게 이해하는 것이다. 임대인이 계약에 앞서 요구하는 Letter of Offer와 임차 계약서(Tenancy Agreement)의 양식을 미리 숙지해야 손해를 보지 않을 것이다.

3. 인테리어 및 설비

1) 인테리어 전 알아야 할 사항

임대 시 사무실 용도의 인테리어가 모두 준비된 사무실도 있으나 일반적으로 인테리어가 되어 있지 않은 빈 공간(BARE CONDITION)을 임차하게 되므로 임차인이 자비로 인테리어를 진행하게 된다. 계약 조건에 따라 차이는 있겠지만 임차 계약이 종료될 시, 사무실 내에 인테리어를 전부 철거하고 처음 사무실을 양도 받을 때와 동일한 상태와 조건으로 임대인에게 사무실을 반환해야 한다. 임대 계약 갱신 시 임대료의 인상으로 사무실의 이전을 고려할 때는 인테리어 철거 비용, 이사비용, 신규 인테리어 비용 등을 감안하여 신중한 의사결정을 해야만 한다.

2) 인테리어 업체 선정

인테리어를 진행하는 경우 싱가포르 업체를 이용하는 방법과 싱가포르에 있는 한국계 인테리어 업체를 이용하는 방법이 있다.

인테리어를 시작하기 전, 임대한 사무실의 관리사무소(Management Office)가 요구하는 규정들이 있으므로 사전에 Fitting-Out Manual을 전달받아 명시된 규정들을 미리 확인하고 준수해야만 한다. 인테리어 시작 전 인테리어 계획서와 인테리어 일정 등을 관리사무소나 관련당국에 제출하여 승인을 받아야 한다. 사무실 디자인설계(Office Layout Plan)가 완료되었더라도 관리사무소의 확인과 서류 절차가 필요하므로 실제 진행 속도는 한국에 비해 상당히 느린 편이며 인테리어 중 일정 변경이나 추가 요구 사항이 발생할 경우에는 추가 비용이 청구될 수도 있다. 따라서 사전에 디자인 단계나 공사 진행 전 단계부터 인테리어 업체에게 정확한 요구사항들을 전달하여 견적에 반영하거나 공사 일정에 반영을 시켜야만 할 것이다.

한국인이 운영하는 인테리어 업체

회사명	담당자	전화번호	홈페이지
Hello A & A Interior Design	Mr Robert Pae	+65-9727-1722	http://hello-ana.com
Union Land Singapore Pte Ltd	Mr Thomas Won	+65-9366-2640	ulsinterior@gamil.com
Goldenleaf Korea Pte Ltd	Mr Shin Dong Soo	+65-8332-3379	http://www.glk.sg

3) 유틸리티 신청

사무실 관리비는 계약서상의 임대료에 포함되어 있으므로 임대인이 지불하게 된다.(계약서 예, Total Rental: S$10.00 per square foot = Rent: S$9.00 per square foot & Service Charge: S$1.0 per square foot) 임대인이 무료 사용기간을 제공하는 경우에는 임대료는 무료이더라도 유틸리티 비용은 임차인이 부담을 하게 된다. 가능하면 무료 임대기간 중 발생하는 비용의 부담 주체를 사전에 임대인과 협의하는 것이 좋다. 임차인이 관련업체에 Utility(전기, 수도, 도시가스) 등을 신청하게 되는데 일반적으로 Singapore Power Group에서 제공하지만 건물에 따라 사설 업체를 이용하기도 한다.

인터넷은 회사명의로 기업용 서비스를 별도로 가입해야 한다. 일반적으로 유선전화, 인터넷, 팩스 전화 라인을 포함된 기업용 Package를 많이 사용하고 있다. 일반적으로 약정기간은 2년이며, 서비스의 중도 양도는 가능하지만 계약해지 시에는 위약금을 지불하여야 한다. 건물에 따라서는 특정 회사의 서비스를 사용하지 못할 수도 있으므로 사전에 서비스 이용가능 여부를 확인해야 한다.

*** 싱가포르 통신회사**

- Singtel : https://www.singtel.com
- Starhub : http://www.starhub.com/business
- M1 : https://www.m1.com.sg

4) 집기 구입

회사 사무가구의 준비는 인테리어 업체가 구매대행하여 주는 방법과 인테리어 완료 후 회사에서 직접 원하는 가구와 집기를 구입하는 방법이 있다. 직접 구매하는 경우, 새로운 사무가구는 시내의 가구점을 방문하면 일부 샘플과 카탈로그를 통하여 주문하게 되고, 중고 사무가구의 경우 전시장이 외곽에 위치하는 경우가 많아 방문 시 불편함이 있으므로 일차적으로는 인터넷을 통하여 중고 가구업체의 홈페이지를 방문하여 사무실에 적합한 가구를 결정한 다음 방문하여 제품의 상태나 수량을 확인하고 일괄 구매하는 방식을 추천한다.

신규 사무용 가구 검색어: office furniture

- 중고 사무용 가구 검색어: used office furniture, second hand furniture

5) IT 기기 구입

소규모 사무실의 경우에는 복합기를 구매하여 사용하며, 사용량이 많은 경우에는 리스를 고려하는 것이 일반적이다. CANON, RICOH, KYOCERA, XEROX 등 복사기 메이커들이 리스 서비스를 제공하고 있으며, RICOH, KYOCERA 등이 소규모 회사에도 복합기 리스 서비스를 제공하고 있다. 일반적으로 1년 이상의 장기계약을 요구하고 있으며, 계약만료 시에는 기기의 소유권을 이전해 주기도 한다. 계약기간 만료 전에 계약을 해지하고자 할 경우에는 잔여기간의 리스료를 위약금으로 청구하는 경우도 있으므로 사전에 계약서의 내용을 정확히 확인해야 한다.

사무실 내의 서버실 설치나 Fiber Optic(광LAN)를 설치해야 하는 경우 사전에 인테리어 단계에서 디자인에 반영하고 Door Lock, 서버, 전문 전자장비를 설치해야 하는 경우 전문업체와의 계약 및 관리사무소의 승인 등을 진행하여야 한다.

6) 우편물 배송 업체 계약

해외 문서 발송 업체로는 DHL, FEDEX, SF-EXPRESS 등이 있으며, 한국과 같은 퀵서비스는 없지만 싱가포르 내의 문서수발의 경우에는 국내 우편물 배송업체를 이용하게 된다. 상업지역의 경우에는 비용이 저렴하고 반일정도 걸리며, 비상업지역이나 도서지역의 배달은 추가비용이 발생하며 하루정도의 시간이 필요하다.

국내 우편물 배송업체는 소개하면 아래와 같다.

회사명	전화번호	홈페이지
The Roadmaster Courier	6294-1211	www.roadmaster.com.sg
Qourier	어플 혹은 인터넷주문	https://qourier.com
Uparcel	어플 혹은 인터넷주문	https://www.uparcel.sg
Ant Couriers	6291-3906	https://www.antcouriers.com

제4절 비자신청

1. 싱가포르 노동시장

싱가포르는 인구가 약 560만 명의 도시국가로 노동시장의 많은 부분을 외국인력에 의존하고 있다. 특히 다국적 기업의 아시아 지역본부 유치에 노력하면서 다양한 글로벌 경험을 가진 인재들의 수요가 높은 편이다.

싱가포르는 한국에 비해서 노동 시장성의 유연성이 높아 근로자들의 이직이나 퇴사가 매우 빈번하게 이루어지며, 고용자도 정당한 사유가 있다면 해고가 용이하다. 고용계약서는 싱가포르 노동법(Employment Act)을 기초로 하고, 세부적인 사항은 양자간의 합의를 통하여 작성하게 된다. 싱가포르는 최저임금을 설정하지 않으며 양자간의 합의에 따라서 결정된다. 노동 관련 업무는 싱가포르 노동부(Ministry of Manpower : MOM)에서 관할하며 하부기관으로 중앙연금기금청(CPF), 싱가포르 노동조합(SLF), 싱가포르 인력개발청(WSG) 등의 준공공기관이 있다.

2. 싱가포르 취업비자 개요

싱가포르에서 취업비자 발급 기관은 Ministry of Manpower(MOM)이다. 다음의 MOM 웹사이트에는 취업비자의 종류 및 각 비자별 취득요건, 심사기간, 신청 프로세스 등의 정보가 상세하게 기재되어 있다.(http://www.mom.gov.sg/passes-and-permits)

취업비자의 발급 시 일부 비자를 제외하고는 취업비자 신청자의 개인정보 및 외국인을 고용하는 기업정보(사업내용 및 과거 실적)를 제출받아 MOM에서 심사를 거치게 된다.

취업비자는 종류에 따라서 신청자의 급여금액, 비자 유효기간, 회사가 고용할 수 있는 인원수(Quota), 신청자의 국적이나 연령 등 여러가지 변수가 있으므로 비자 신청 전에 유의해야 한다.

취업비자 발급은 국적에 따라서 발급요건이 다를 정도로 복잡한 제도를 운영하고 있으며 제도 자체도 예고없이 자주 바뀌기도 하므로 매번 최신의 정보를 확인하고 전문가의 도움을 받는 것이 좋다.

회사가 한국인을 싱가포르에서 고용할 때 고려할 수 있는 비자는 아래와 같다.

- Employment Pass(EP)
- S Pass
- Work Permit
- Dependant Pass(DP)
- Training Employment Pass(TEP)
- Personalised Employment Pass(PEP)
- Work Holiday Pass
- Entre Pass

싱가포르는 향후 저출산 및 고령화의 원인으로 노동인구가 급격하게 줄어들 것으로 예상되며 외국인 노동인력의 유입이 계속 증가하는 경향을 보이고 있다. 동시에 현지인의 취업을 보호하기 위해서 외국인 노동력의 의존도를 낮추고자 노력하고 있다. 과거에는 외국기업투자유치를 위해서 외국 전문인력 유입에 관대한 비자 정책을 실시해 왔으나 외국인 노동인력이 늘고 현지인들의 불만이 늘어나면서 2012년 이후부터 점차 외국 인력 유입에 대해서 규제를 시작하였다.

3. Employment Pass(EP)

주재원이나 전문직, 관리직급의 외국인을 대상으로 하고 있다. EP 비자의 경우 발급 기준이 계속 까다로워지고 있다. EP 비자 발급을 위해서는 싱가포르 노동청에서 운영하는 구인구직 사이트 Jobs Bank에 적어도 14일 이상 공고를 해야 하고, 현지인 채용이 어려운 이유를 제시해야 한다. 또한 EP 심사 시에는 그 회사의 급여 지불 가능 여부(자본금 또는 재무제표), 신청자의 학력(대졸 이상), 경력, 급여(최저 SGD3,600 이상으로 규정하고 있지만 실제 급여는 SGD6,000 이상이 되어야 승인될 가능성이 높다.)가 중요한 요소이다. 만약 회사 내에 EP 소지자의 비중이 높을 경우 추가로 EP 비자 발급이 어려울 수도 있다. 가족이 있는 경우, 급여가 SGD6,000 이상일 경우에만 가족의 Dependant Pass를 신청할 수 있다.

EP 신청절차

1) 우선 MOM 웹사이트의 Self Assessment Tool을 이용하여 EP 승인 가능성을 판단해 본다.

   웹사이트 주소: http://www.mom.gov.sg/eservices/services/employment-s-pass-self-assessment-tool

2) 제출자료를 확인하여 준비한다. 한글로 된 자료의 경우에는 영문번역 공증을 받아서 제출해야 한다.

- 여권 사본
- 싱가포르 기업청에 등록되어 있는 회사의 최근 정보
- 신청자의 졸업 증명서(Certificate of Education)
- 인도에서 학업을 수료했을 경우에는 성적표 제출
- 중국에서 학업을 수료했을 경우에는 아래의 지정 기관에서 발급하는 학위 검증서를 제출

  Dataflow, China Higher Education Student Information and Career Center, China Academic Degrees & Graduate Education Information

  일반 공증인이 발급하는 확인서는 인정하지 않음

3) 노동부(MOM)의 EP Online 사이트에서 EP 비자를 신청한다. 신청비용은 SGD70이다.

약 3~4주 내에 승인/거절/추가서류요청이 이루어지며, 거절되더라도 2번 정도의 항소(Appeal)가 가능하다. 승인 시 IPA Letter(In-Principal Approval Letter)를 받는다.

웹사이트 주소: http://www.mom.gov.sg/eservices/services/ep-online

4) EP 비자 승인 후 6개월 이내에 EP 비자를 발급해야 한다. EP 발급을 위해서는 신청자가 싱가포르에 입국해야 하고 입국 시에 이민국에 IPA Letter를 보여주어야 한다.

5) EP 비자 발급 시에는 발급비용 SGD180을 지불하고 MOM을 방문하여 지문과 사진을 등록하여야 하는데, 관련 예약은 인터넷을 통하여 진행되

며, 초기 발급 이후 5년 이내에 갱신하는 경우는 지문과 사진등록을 면제 받을 수 있다.

웹사이트 주소:
http://www.mom.gov.sg/eservices/services/make-an-appointment

6) MOM에서 사진 및 지문을 등록하면 확인 후 약 4 근무일 후에 등록한 주소로 EP 카드가 배송된다. 배송 전에 SMS나 이메일로 배송시간을 통지해 주며 인터넷에서 배송상태를 확인할 수 있다.

웹사이트 주소:
https://cponline.mom.gov.sg/epol/PEPOLENQI001DisplayAction.do

4. S Pass(SP)

SP는 일반적으로 일반직, 기술직 종사자를 대상으로 하고 있다. EP와 마찬가지로 최저 급여가 SGD2,300으로 되어 있지만 단순히 SGD2,300이 아닌 연령, 경력을 감안하여 책정되어야 한다.

SP 발급 시, 회사가 고용할 수 있는 SP 소지자 수는 한정되어 있다. 최대 고용가능한 외국인 직원의 수를 쿼터(Quota)라고 하며, 회사가 채용한 싱가포르인 혹은 영주권자인 직원의 수에 따라 SP 발급 한도(쿼터)가 결정된다. 할당되는 SP 한도는 신청기업의 업종(서비스, 제조, 건설, 프로세스, 선박)에 따라서 달라질 수 있다.

또한 SP를 신청하는 회사에 대해서는 정부에서 매월 외국인 고용세(Levy)를 부과하고 있다. 회사는 고용한 SP 소지자 수에 비례하여 외국인 고용세를 매월 지불해야만 한다.

쿼터와 외국인 고용세에 대해서는 MOM의 사이트를 참고하면 된다.

웹사이트 주소:
http://www.mom.gov.sg/passes-and-permits/s-pass/quota-and-levy

SP 신청절차

1) 우선 신청자는 MOM 웹사이트의 Self Assessment Tool을 이용하여 SP 승인 가능성을 판단해 본다.

웹사이트 주소: http://www.mom.gov.sg/eservices/services/employment-s-pass-self-assessment-tool

회사는 사전에 기업에 할당된 쿼터(Quota)와 지급해야할 외국인 고용세를 확인해야 한다. 외국인 고용세는 계속해서 인상되고 있으므로 최근의 세액을 꼭 확인하도록 해야 한다.

2) 제출자료를 확인하여 준비한다. 한글로 된 자료의 경우에는 영문번역 공증을 받아서 제출해야 한다.

- 여권 사본
- 싱가포르 기업청에 등록되어 있는 회사의 최근 정보
- 신청자의 졸업 증명서(Certificate of Education)
- 인도에서 학업을 수료했을 경우에는 성적표 제출
- 중국에서 학업을 수료했을 경우에는 지정 기관에서 발급하는 학위 검증서를 제출

  Dataflow, China Higher Education Student Information and Career Center, China Academic Degrees & Graduate Education Information

  일반 공증인이 발급하는 확인서는 인정하지 않음

3) 회사는 SP 소지자에게 매년 입원 및 수술비로 최소 SGD15,000이 보장

되는 의료보험을 제공하고 MOM에 반드시 신고해야 한다.

4) MOM의 EP Online 사이트에서 SP 비자를 신청한다. 신청비용은 SGD60이다.

약 3주 정도 후에 승인/거절/추가서류요청이 이루어지며, 거절되더라도 최대 2번의 항소(Appeal)가 가능하다. 승인 시 IPA Letter(In-Principal Approval Letter)를 받는다.

웹사이트 주소: http://www.mom.gov.sg/eservices/services/ep-online

5) SP 승인 후 2개월 이내에 SP를 발급해야 한다. SP 발급을 위해서는 신청자가 싱가포르에 입국해야 하고 입국 시에 이민국에 IPA Letter를 보여주어야 한다.

6) SP 발급 시에는 발급비용 SGD180을 지불하고 MOM을 방문하여 지문과 사진을 등록하여야 하는데, 관련 예약은 인터넷을 통하여 진행되며, 초기 발급 이후 5년 이내에 갱신하는 경우는 지문과 사진등록을 면제받을 수 있다.

웹사이트 주소:
http://www.mom.gov.sg/eservices/services/make-an-appointment

7) MOM에서 사진 및 지문을 등록하면 확인 후 약 4 근무일 후에 등록한 주소로 SP 카드가 배송된다. 배송 전에 SMS나 이메일로 통지를 해주며 인터넷에서 배송상태를 확인 할 수 있다.

웹사이트 주소:
https://eponline.mom.gov.sg/epol/PEPOLENQI001DisplayAction.do

5. Work Permit(WP)

WP는 일반적으로 단순작업 또는 건설현장 노동자, 가사보조 업무자(일명 메이드), 거주 유모, 나이트 클럽이나 바 종업원 등을 대상으로 발급되는 비자이다.

- Work Permit(Foreign Worker) : 웨이트리스, 단순 작업 노동자, 건설현장 노동자
- Work Permit(Foreign Domestic Worker) : 메이드
- Work Permit(Confinement Nanny) : 거주 유모
- Work Permit(Performing Artiste) : 나이트 클럽, 바 종업원
- Training Work Permit

1) WP 신청 전 확인할 사항

- WP 근로자의 급여는 MOM에 신고한 금액과 동일하게 지급되어야 한다. 만약 틀린 것이 적발될 경우 처벌은 물론 향후 재신청이나 현재 고용중인 WP 연장 자체가 어려워질 수 있다.
- WP 근로자에게 급여뿐만 아니라 매년 입원 및 수술비로 최소 SGD15,000이 보장되는 의료보험을 제공하고 MOM에 반드시 신고해야 한다.
- 회사는 WP 근로자에게 거주지를 제공해야 한다.
- 회사는 WP 근로자가 싱가포르 입국 후 건강검진(Medical Check-up)을 받도록 해야 한다. 만약 건강상태가 향후 싱가포르에서 일을 하기에 부적합하다고 판단될 경우에 WP는 취소될 수 있다.
- WP의 월 고용세(LEVY)는 업종, 국적, 숙련도, 경력 등에 따라서 달라질 수 있으며, 계속해서 인상되는 경향으로 MOM의 웹사이트를 통하여 새로운 정보를 계속 업데이트해야 한다.
- 회사는 WP 근로자에 대해서 보증금(Security Bond)을 납부해야 한다. 일반적으로 WP 근로자 1인당 SGD5,000을 일종의 보증금으로 납부하게 되는데(단 말레이시

아 국적자는 예외) WP 근로자가 근로계약 종료 후 자국으로 돌아간 것이 확인되고 회사가 위반사항이 없으면 회사는 보증금을 환불받게 된다.

2) WP 신청절차

- 건설업과 제조업의 경우 NAS(North Asia Sources: 홍콩, 마카오, 한국, 대만)와 PRC(중국)에서 오는 근로자를 고용하기 위해서는 사전에 MYE(Man-year entitlement)를 신청해야 한다. MYE는 프로젝트 규모에 따라 할당되는 고용가능 인력규모이다. 수주한 프로젝트의 규모에 따라서 결정된다.
- 건설업, 제조업, 해양업의 경우 PRC(중국), NTS(Non-Traditional Source: 인도, 스리랑카, 태국, 방글라데시, 미얀마, 필리핀) 출신 근로자를 채용할 경우 PA(Prior Approval)도 신청해야 한다. PA는 WP 신청기간, 최근 3개월 간 싱가포르 현지 인원 채용 실적, 쿼터(Quota), MYE 할당량 등을 기반으로 결정된다.
- MOM의 WP Online 사이트를 통하여 온라인으로 비자를 신청할 수 있다. 비자 신청 시 해당 근로자는 말레이시아인인 경우를 제외하고는 싱가포르에 체류하고 있어서는 안 된다.

  웹사이트: http://www.mom.gov.sg/eservices/services/wp-online-for-businesses-and-employment-agencies

- 일반적으로 1주일 가량 소요되며, 신청비용은 SGD30이다.
- 회사는 WP 근로자가 싱가포르에 입국하기 전에 보증금(Security Bond)을 납입해야 한다. 납입방법은 은행 혹은 보험회사에 납입을 하면 금융기관에서 MOM에 해당 정보를 전달하게 된다.
- 회사는 의료보험 가입 후 보험 정보를 MOM에 신고해야 한다. 비자 신청, 갱신, 변동 사항 신고 시 반드시 보험회사 이름, 보험증권 번호, 개시일과 만료일 등 정보를 매번 업데이트해야 한다.

- 회사는 WP 근로자의 거주지 주소를 고용 후 5일 이내에 Online Foreign Workers Address Services(OFWAS)를 통하여 등록해야 한다. 그리고 근로자의 거주지에 변경사항이 있을 경우에는 해당 내용도 업데이트해야 한다.

  웹사이트: http://www.mom.gov.sg/eservices/services/ofwas

- 근로자는 싱가포르 입국 후 2주 내에 건강검진을 받아야 한다. 그 건강검진의 결과에 따라 싱가포르에서 일하는 것이 부적절하다고 판단되는 경우 근로자는 고국으로 귀국조치 될 수 있다.

3) WP 신청 시에는 발급비용 SGD180을 지불하고 MOM을 방문하여 지문과 사진을 등록하여야 하는데 관련 예약은 인터넷을 통하여 진행되며, 초기 발급 이후 5년 이내에 갱신하는 경우는 지문과 사진등록을 면제받을 수 있다.

   웹사이트 주소:
   http://www.mom.gov.sg/eservices/services/make-an-appointment

4) MOM에서 사진 및 지문을 등록하면 확인 후 약 4 근무일 후에 등록한 주소로 WP 카드가 배송된다. 배송 전에 SMS나 이메일로 통지를 해주며 인터넷에서 배송상태를 확인할 수 있다.

   웹사이트 주소:
   https://eponline.mom.gov.sg/epol/PEPOLENQI001DisplayAction.do

6. Dependant Pass

월급여 SGD6,000 이상을 받는 EP 또는 S Pass 소지자의 배우자 및 21세 이하의 자녀에게 발급되는 가족비자이다. DP 소지자는 합법적으로 싱가포르에 거주를 할 수 있으며, 취업도 가능하다.

EP 소지자의 배우자로서 DP를 소지한 사람은 싱가포르 현지에서 취업이 가능하다. 단 사전에 MOM에서 Letter of Consent(LOC)의 발급을 받아야 한다. 취득신청을 할 때 최저수입이나 인원 제한 등에 제한을 받지 않는다.

SP 소지자의 배우자로서 DP를 소지한 사람도 싱가포르 현지 취업이 가능하지만, EP, SP, WP 등의 비자를 받아야 한다.

DP는 최대 2년까지 가능하지만, 배우자의 EP나 SP 잔여기간에 따른다. 갱신도 가능하다.

7. Work Holiday Pass

워킹 홀리데이 제도에 따라서 WHP 비자를 취득 가능하다. 단 최대기간은 6개월이며, 연령제한(18세 이상 25세 미만)도 있다. 추가로 국가 제한도 있어 일본, 홍콩, 오스트레일리아, 뉴질랜드, 프랑스, 독일, 스위스, 영국, 미국(9개국)의 대학에서 3개월 이상 재학한 학부생 또는 재학생, 대학원생만이 가능하다. 즉 한국 대학 재학생이나 졸업생은 신청이 불가능하다. 최대인원은 연 2,000명이다.

8. Entre Pass

싱가포르 창업을 하는 경우에 신청 가능한 비자이다. 그러나 비자를 발급받기 위해서는 여러가지 조건에 부합되어야 한다.

1) 싱가포르에 설립된 법인의 자본금이 SGD50,000 이상

2) 법인 설립 후 6개월 미만

3) Entre Pass 신청자는 해당 싱가포르 법인의 지분을 30% 이상 보유

4) 다음 업종 중 하나에 해당되어야 함

- 정부계 벤처 캐피탈에서 투자를 받는 사업
- 싱가포르 이외 국가에 등록된 지적재산권에 관련된 사업
- 싱가포르 고등 교육기관과의 공동 연구 사업
- 싱가포르 정부가 지원하는 인큐베이터와 공동사업

9. EP 소지자의 이사겸직

EP 소지자의 타회사의 이사직 겸직에 대해서 기존에는 특별한 규정이 없어 타 법인의 현지이사(로칼이사)로의 임명이 이루어져 왔으나 2016년에 관련된 규정이 발표되었다. EP 소지자가 스폰서가 아닌 타 회사의 이사를 겸직하고자 할 경우에는 사전에 EP를 발급해 준 회사에서 승인을 받은 후 MOM에 신고하여 Letter of Consent(LOC)의 승인을 받아야 하며, 두 회사는 ACRA에서 확인할 수 있는 지배관계의 회사여야 한다. LOC 제출 후 승인까지는 약 1~2주 걸린다.

10. 영주권 취득(PR, Permanent Resident)

영주권의 취득방법은 현재 취업비자(EP 혹은 SP) 취득후 PR(영주권)을 취득하는 방법과 투자이민과 유사한 GIP(Global Investors Programme)을 통한 취득의 두가지 방법이 있다.

1) 취업비자(EP 혹은 SP) 취득 후 영주권(PR) 취득

- 취업비자 취득 후 6개월을 경과하면 영주권 신청의 자격을 가지게 된다. 하지만 최근 신청 후 거절되는 비율이 높아 5년 이상 거주하고 있는 교민들의 경우에도 영주권 신청이 거절되어 어려움을 겪고 있는 상황이다. 일반적으로 직접 싱가포르이민국 홈페이지(https://www.ica.gov.sg)를 통하여 신청하는 방법과 비자 전문업체를 이용하는 방법이 있다.
- 참고로 싱가포르 이민국에서는 매년 영주권 발급 총수를 정한 후 업종별 국적별로 발급 수를 배정하게 된다. 이에 동일업종 및 동일국적자들이 경쟁하게 되며 신청자의 싱가포르에 대한 공헌 가능성을 중심으로 취득 여부가 결정된다.

2) 글로벌투자자프로그램(GIP)을 통한 영주권(PR) 취득

- 신청자격 : 최근 연도 매출액 최소 SGD 5천만 이상, 지난 3년간 연평균 매출액 최소 SGD 5천만 이상의 회사지분을 30% 이상 소유할 것
- 투자옵션 : 옵션A(최소 250만 싱가포르달러를 싱가포르업체에 투자할 것), 옵션B(싱가포르의 GIP 펀드에 최소 250만 싱가포르 달러를 투자할 것)
- 배우자와 21세 미만 자녀의 영주권을 함께 신청할 수 있다. 부모와 21세 이상 미혼 자녀의 경우, 5년 장기 방문비자를 신청 할 수 있으며 영구적인 효력이 있는 것이 아니라 3년 혹은 5년에 한번씩 갱신을 하여야 하며 일정 갱신조건을 충족시켜야 한다.(예, 싱가포르에서 5명이상의 직원을 고용하고, 1년에 법인비용으로 최소 1백만 싱가포르 달러를 지출하여야 한다.)

제5절 인사 및 노무

1. 싱가포르의 노동법

싱가포르는 과거 영국 식민지였으므로 영국식 보통법 체계를 따르고 있다. Employment Act(고용법), Child Development Co-Saving Act(출산관련 및 아동보호법), Retirement and Re-employment Act(퇴직, 재고용법), Trade Union Act(노동 조합법) 등의 노동 관련법이 있다. 한편 MOM(Ministry of Manpower)은 수사권한을 포함하는 노동 관련법률 준수에 관한 강력한 권한을 가지고 있다. MOM의 웹사이트에는 관련된 상세한 정보 및 가이드 라인이 실려 있으므로 궁금한 내용이 있는 경우, MOM 웹사이트를 참고하거나, MOM의 유선 혹은 방문 문의를 하는 것이 좋다.

2. 인재 채용

싱가포르 정부는 국민 모두가 공정한 취업기회를 누릴 수 있도록 Fair Consideration Framework(FCF) 규정을 제정하였고 모든 기업들은 이를 준수하여야 한다. 회사가 외국인만을 채용 대상자로 구인을 하는 것을 제한하고, 결과적으로는 싱가포르 국민에게도 공평하게 채용단계에서 검토 대상이 될 수 있도록 하는 것을 목표로 삼고 있다.

외국인을 고용하여 EP 비자를 제공하려는 회사는 먼저 정부에서 운영하는 무료 구인광고 사이트 Jobs Bank에 구인광고를 반드시 14일 이상 게재하여야 한다. Jobs Bank를 통한 구인에 대한 지원은 싱가포르 국민이나 영주권 소유자로 한정된다. 이는 싱가포르인의 관리자층 확대를 원하는 싱가포르정부의 'Singaporean Core' 정책에 따른 결과이다. 단 다음의 경우에는 Jobs Bank 구인광고 의무가 면제된다.

- 회사 총 직원 수가 10명 이하
- 급여가 SGD15,000 이상의 직위
- 빈자리가 기업 내 인력이동으로 채워지는 경우
- 1개월 이하의 단기 인력이 필요한 경우

면제 대상에 해당하더라도 정부는 Jobs Bank에 구인광고를 할 것을 권장하고 있다.

Tripartite Alliance for Fair and Progressive Employment Practice (TAFEP, 노사정 삼자위원회 간행 구인 가이드 라인)에 기반하여 회사는 Jobs Bank에 게재하는 구인광고 뿐만 아니라 일반 구인광고에도 종업원의 국적, 연령, 인종, 종교, 성별, 가족관계에 관한 요구사항을 기재하지 말아야 한다. 특히 언어에 관해서 '한국어 신문 편집자이므로 한국어 필수'와 같이 명확한 이유가 있는 경우 이외에는 요구사항을 기재하지 말도록 규정하고 있다.

실제 아토즈 고객사 중 구인광고에 차별적인 문구를 기재하여 향후 6개월 동안의 비자발급이 불가능한 제재를 받은 경우가 발생하였다.

MOM은 싱가포르인 비율이 낮은 기업에 대해서 구인활동에 직접 개입하는 경우도 있다. 싱가포르 국민(영주권자 포함) 채용에 대한 노력은 하였는지, 회사 내 싱가포르 국민의 교육 및 승진의 기회는 공평하게 제공되고 있는지 등에 대해서 조사를 하는 경우도 있다. MOM은 감시대상으로 선정한 기업에 대하여 EP 발급건수에 대해서 감시를 하며, 갱신에도 엄격한 기준을 적용한다. 또한 MOM에 외국인 채용에 대해서 이유를 설명해야 하는 경우도 발생한다.

정부계 구인사이트	Jobs Bank	https://www.jobsbank.gov.sg
일반 온라인 구인 사이트	Jobs DB	https://sg.jobsdb.com
	JobStreet	https://www.jobstreet.com.sg
	LinkedIn	https://sg.linkedin.com
한국계 온라인 미디어	한국촌	http://www.hankookchon.com
	코닷싱	http://www.korea.com.sg
리크루팅 회사	3C Synergy	http://www.3csynergy.com
	Aegis Recruitment	http://www.aegis-recruitment.com.sg
	Egon Zehnder	http://www.egonzehnder.com
	Energy Resourcing	http://energyresourcing.com
	Garner International	http://www.garnerasia.com

3. 고용계약 체결

회사와 근로자 간의 고용 계약은 쌍방 간의 합의에 따라서 구두 혹은 서면 등 어떤 형태로든 계약이 가능하나, 향후 분쟁 등을 대비하여 서면으로 작성하는 것이 바람직하다.

Employment Act 개정에 따라서 2016년 4월 1일 이후 고용계약을 체결하는 Employment Act 적용 대상 근로자에 대해서는 상세한 근무조건이 포함된 Key Employment Terms(KETs)를 서면형태로 교부해야만 한다. 단 매니저나 임원급의 Employment Act 비적용 대상(급여 SGD4,500 이상)은 고용조건이 고용계약에 따르게 되므로 고용계약을 상세하게 규정할 필요가 있다. 회사의 취업규칙에 대해서는 법적으로 규정하고 있지 않으므로 법적의무 사항은 아니며, 제정여부는 회사의 임의결정 사항이다.

Key Employment Terms 의 주요내용

No.	Item description	Detail
1	Full name of employer	회사(고용주) 이름
2	Full name of employee	근로자 이름
3	Job title, main duties and responsibilities	직책, 업무내용, 책임범위
4	Start date of employment	고용 시작일
5	Duration of employment (if employee is on fixed-term contract)	고용 기간 (기간한정 고용의 경우)
6	Working arrangements, such as: • Daily working hours (e.g. 8.30am - 6pm) • Number of working days per week (e.g. six) • Rest day (e.g. Saturday)	근무방식 • 근무시간 • 주 중 근무일수 • 휴일
7	Salary period	급여 산정기간
8	Basic salary For hourly, daily or piece-rated workers, employers should also indicate the basic rate of pay (e.g. SGDX per hour, day or piece).	기본 급여 시급, 일급, 생산 수량별 급여자의 경우 기본 급여율 명기
9	Fixed allowances	고정 수당
10	Fixed deductions	고정 공제
11	Overtime payment period (if different from item 7 salary period)	초과 근무수당 지급 대상시간
12	Overtime rate of pay	초과 근무수당 지급율
13	Other salary-related components, such as: • Bonuses • Incentives	기타 급여 관련 항목 • 보너스 • 인센티브
14	Type of leave, such as: • Annual leave • Outpatient sick leave • Hospitalisation leave • Maternity leave • Childcare leave	휴일 • 연차 휴가 • 병가(외래) • 병가(입원) • 출산 휴가 • 육아 휴가
15	Other medical benefits, such as: • Insurance • Medical benefits • Dental benefits	의료 복지 • 의료 보험 • 의료 혜택 • 치과 혜택
16	Probation period	수습기간
17	Notice period	(계약해지) 통지시한
18	(Optional) Place of work	(옵션) 근무장소 회사 등록주소와 다른 곳에서 근무를 할 경우에는 추가

*KETs 샘플 : http://www.mom.gov.sg/employment-practices/contract-of-service

4. 고용기간 및 수습기간

일반적인 고용계약에는 계약기간이 정해져 있지 않고, 정해진 통지 기한에 따라서 회사와 근로자 일방이 고용해지를 통지함으로써 고용계약이 해지된다. 계약기간을 설정하고자 한다면 회사와 근로자 간의 계약을 통하여 설정할 수 있다.

수습기간의 경우에도 쌍방의 합의에 의하여 수습기간을 임의로 설정을 할 수 있다.(일반적으로는 3개월)

5. 급여

싱가포르에는 청소, 경비, 정원사에 종사하는 싱가포르인(영주권자 포함)에 대해서만 최저임금의 규정(PWM)이 있다. 이외의 업종에 대해서는 최저임금에 관한 법률상의 규정은 없다.

일반적으로 급여는 적어도 1개월에 한 번, 정해진 급여 정산기간 마지막 날로부터 7일 이내에 지급되어야 한다. 단 초과근무 수당에 한해서 급여 정산기간 마지막 날로부터 14일 이내에 지급할 수 있다.

정상적인 계약 종료 절차를 밟은 경우에는 계약 종료일에 급여를 지급해야 하며, 근로자가 사전 통지 없이 퇴사를 하는 경우에는 마지막 근무일로부터 7일 이내에 지급해야 한다. 근로자의 중대한 실수로 인한 해고의 경우 원칙상 계약 종료일에 지급해야 하나 불가능할 경우에는 해고일로부터 3일 이내에 지급해야 한다. 회사가 고용계약을 종료하는 경우에도 원칙상 계약 종료일에 지급해야 하나 불가능할 경우에는 해고일로부터 3일 이내에 지급해야 한다.

일반적으로 급여수준은 매년 리쿠르팅 업체에서 발행하는 salary guide 를 참고하는 것이 좋다.

6. 근무시간

근무시간은 Employment Act의 Part 4에 기재된 적용대상자에게만 규제가 적용된다.(육체노동자의 경우 월급여 SGD4,500 미만인 경우, 사무직의 경우 월급여 SGD2,500 미만인 경우 적용대상임)

구분	최대 근무시간
주5일 혹은 이하 근무	일일 최대 9시간 또는 주 최대 44시간
주6일 이상 근무	일일 최대 8시간 또는 주 최대 44시간
격주 44시간 이하 근무	일주 최대 48시간, 연속 2주 88시간
일 최대12시간 교대근무	3주 평균 근무시간 최대 44시간

근로자는 휴식 없이 6시간 이상 연속으로 근무를 할 수 없으며, 업무 특성상 8시간까지 연속으로 근무해야 하는 경우에는 중간에 최소 45분의 식사 시간을 보장해야 한다.

7. 초과근무 수당(Overtime Pay)

근로자는 한달 중 최대 72시간까지 초과근무를 할 수 있다. 초과근무를 하는 경우 회사는 시급의 최소 1.5배를 초과근무 수당으로 지급해야 한다. 단 근로자가 Workman(육체 노동자)일 경우에는 급여가 SGD4,500 이하인 경우만 해당하며, Non-Workman(비육체 노동자)일 경우에는 급여가 SGD2,500 이하인 경우에만 초과근무 수당을 받을 수 있는 권한이 있다. 초과근무 수당으로 신청할 수 있는 금액은 월급 기준으로 SGD2,250, 시급 기준으로 SGD11.80까지만 신청이 가능하다. 초과근무 수당은 급여정산일로부터 14일 이내에 근로자에게 지급되어야 한다.

8. 휴일 (Rest Day)

회사는 일주일에 최소 1일의 휴일을 근로자에게 제공해야 한다. 1일이라 함은 자정부터 익일 자정까지 만 1일을 의미한다. 주일은 월요일에서 시작하여 일요일까지를 의미한다. 교대 근로자는 휴일에 연속 30시간을 쉬어야 한다. 휴일은 회사가 일요일 혹은 주중 다른 날로 결정할 수 있다. 단 회사는 다음 휴일 일정을 근로자에게 미리 알려주어야 하며, 두 번의 휴일이 12일 이상 경과되어서는 안된다. 휴일에 근무를 강요할 수는 없으나, 만약 하게 되는 경우에는 다음 표와 같이 급여를 지급해야 한다. 단 근로자가 Workman(육체 노동자)일 경우에는 급여가 SGD4,500 이하인 경우만 해당하며, Non-Workman(비육체 노동자)일 경우에는 급여가 SGD2,500 이하인 경우에만 휴일수당을 받을 수 있는 권한이 있다.

휴일 근무 이유	일반 하루 근무시간의 절반 이하	일반 근무시간의 절반 이상	일반 근무 시간 초과
회사의 요구	1일치 급여	2일치 급여	2일치 급여+초과근무 수당
근로자의 자원	1/2일치 급여	1일치 급여	1일치 급여+초과근무 수당

9. 공휴일(Public Holiday)

공휴일 명칭		일자	요일
New Year's Day	신정	01-Jan-19	Tuesday
Chinese New Year	구정	5-Feb-19	Tuesday
		6-Feb-19	Wednesday
Good Friday	부활절	19-Apr-19	Friday
Labour Day	노동절	01-May-19	Wednesday

Vesak Day	석가탄신일	19-May-19	Sunday
Hari Raya Puasa	라마단 종료일	5-Jun-19	Wednesday
National Day	독립 기념일	9-Aug-19	Friday
Hari Raya Haji	무슬림 희생제	11-Aug-19	Sunday
Deepavali	힌두교 빛의 날	27-Oct-19	Sunday
Christmas Day	크리스마스	25-Dec-19	Wednesday

* 2019년 기준 공휴일

근로자는 싱가포르 노동법에 따라서 연 11일의 유급 공휴일을 쉴 수 있다.

공휴일에 근무를 한 경우, 회사는 대체하여 다음과 같은 보상을 지급해야 한다.

공휴일	보상 내용
근무일	1일치 추가 급여
	(일반 근무시간 초과 시) 초과근무 수당
공휴일	공휴일 근무 수당
	(일반 근무시간 초과 시) 초과근무 수당
비근무일 (5일 근무자가 토요일에 근무한 경우)	토요일 근무에 대한 초과근무 수당
	1일치 추가 급여 또는 유급 휴일 1일

10. 휴가(Leave)

연차	최소 연차일수
1년차	7
2년차	8
3년차	9
4년차	10
5년차	11
6년차	12
7년차	13
8년차 이후	14

수습기간과 관계없이 3개월 이상 근무한 Employment Act의 Part 4에 기재된 적용대상자에게는 Annual Leave(연차)를 부여하도록 법적으로 정해져 있다.

연차일수는 최저한도만 법률로 정해져 있으며, 근로계약 시 결정할 수 있다. 회사와 근로자 간의 고용계약이 종료될 경우 근로자의 엄중한 과실로 의한 해고가 아닐 경우에는 잔여 휴가일수에 대응하는 금액을 지급해야 한다.

11. 병가(Sick Leave)

6개월 이상 근무한 근로자는 외래 병가를 14일, 입원 병가는 60일까지 사용할 수 있다. 입원 병가 60일에는 외래 병가 14일이 포함되어 있다. 병가를 취득하기 위해서는 회사내의 의사, 회사가 지정한 의사, 혹은 정부공인 의사의 확인서가 필요하다. 병가를 사용할 경우에는 48시간 이내에 회사에 통지를 하거나 통지를 위한 노력을 해야 한다. 만약 취업기간이 3개월 이상 6개월 미만일 경우에는 비율로 환산하여 병가를 취득할 수 있다.

3개월 이상 근무한 근로자는 진료비용을 회사에 청구할 수 있다. 진료비 이외에 약품비 등의 다른 비용은 고용계약서상의 복지조항에 따른다.

공휴일, 연차, 휴일, 비근무일에는 아프더라도 회사에 진료비용을 청구할 수 없다.

12. 출산휴가(Maternity Leave)

산모가 현재 직장에서 출산예정일까지 연속하여 3개월 이상 근무한 경우에는 출산휴가를 사용할 수 있다. 아이가 싱가포르 시민권자일 경우에는 16주, 시민권자가 아닐 경우에는 12주의 유급 출산휴가를 취득할 수 있다. 무급일 경우 회사가 인정할 경우 기간의 제한이 없다.

회사는 유급 출산휴가 취득자에게 지급한 급여액에 대해서는 정부에서 보조금을 받을 수 있다. 첫째, 둘째 아이까지는 최대 8주분 급여, 셋째 아이부터는 16주분의 급여를 정부에 청구할 수 있다.

회사는 최소 3개월 이상 근무하고 의사로부터 임신 확인을 받은 근로자를 임신기간 중에는 합당한 사유가 없이 해고 혹은 계약 종료를 할 수 없다. 출산휴가 중에는 해고가 불가능하다.

13. 부성휴가(Paternity Leave)

아버지가 될 사람이 현재 직장에서 3개월 이상 근무하고, 태어날 아이가 싱가포르 시민권자일 경우에는 싱가포르 정부에서 제공하는 Government-Paid Paternity Leave(GPPL) 제도에 따라서 2주일의 부성휴가를 취득할 수 있다. GPPL 제도하에서 1주일에 최대 SGD2,500을 지원받을 수 있다.(CPF 포함액)

기본적으로는 아이 출산 후 16주 이내에 연속해서 2주를 취득할 수 있다. 회사와 협의에 따라서는 출산 후 1년 내에 연속해서 2주를 취득할 수 있다.

14. 육아휴가(Childcare Leave)

아이가 7세 미만이며 현재 직장에서 3개월 이상 근무한 경우 부모 모두 육아휴가를 취득할 수 있다. 아이가 싱가포르 시민권자일 경우에는 연 6일, 싱가포르 시민권자가 아닐 경우에는 연 2일을 취득할 수 있다. 자녀수와는 상관없이 최대 42일까지만 취득할 수 있다. 연말까지 반드시 소진을 해야 한다. 다음 해로 이월은 불가능하다.

최초 3일의 급여는 회사가 부담하며, 나머지 3일의 급여는 정부에서 부담한다. 최대액은 1일 SGD500(CPF 포함)이다.

15. 고용계약 종료

회사나 근로자 일방은 고용계약을 종료시킬 수 있다. 근로자가 자진하여 사임통보를 하거나, 회사의 해임통보, 계약조건 충족(기간계약, 프로젝트 계약 등)으로 고용계약이 종료된다.

근로자가 계약 해지조건에 따라서 사임을 하는 경우 회사가 사임을 거절할 수는 없다. 근로자가 사임을 원하는 경우 사전에 고용계약에 명시된 바에 따라 회사에 사임의사를 전달해야 한다. 통지기한을 지키지 않고 사임하길 원할 경우에는 통지기간 급여액만큼을 회사에 지급해야 한다. 만약 근로자의 중대한 하자로 인한 해고인 경우 회사는 해고 전 반드시 이를 조사를 해야 한다.

1) 사전 통보 후 사임 혹은 해고(Termination with Notice)

회사나 근로자가 고용계약을 종료하길 원할 경우 상대방에게 계약해지문(Letter of Termination) 혹은 사직서(Letter of Resignation)를 작성하여 서면으로 통지해야 한다. 통지 기한은 회사와 근로자가 동일한 기간이어야 하며 서면 계약 혹은 구두 계약에 명시된 조건에 따라야 하며 어떤 형태로든 정하지 않았을 경우에는 다음의 기간에 따른다.

근무기간	통지기한
26주 미만	1일
26주 이상 2년 미만	1주일
2년 이상 5년 미만	2주일
5년 이상	4주일

통지기한에는 의사를 전달한 당일도 포함이 되며, 공휴일, 휴일, 비근무일도 포함된다.

통지기한 준수 없이 계약을 바로 해지하기로 쌍방이 합의를 한 경우에는 계약해지가 가능하다. 단 향후 분쟁 방지차원에서 문서로 합의내용을 남기는 것이 좋다.

통지기한 중 남은 연차를 사용할 수 있으며 연차 사용으로 인하여 퇴사 예정일이 밀려지지는 않는다. 무급휴가를 사용할 경우 회사는 근로자의 동의하에 통지기한을 연장시킬 수 있다. 통지기한 중에는 기존 회사에 계속 고용된 상황이므로 무급휴가를 취득하고 새로운 회사에서 근무를 하기 위해서는 기존 회사와 협의를 해야 한다.

퇴사 예정일 이후에도 연차가 남아 있을 경우 회사는 현금으로 보상해야 한다.

2) 사전 통보 없이 사임 혹은 해고(Termination without Notice)

통지비용(Compensation in lieu of notice)을 상대방에게 지급할 경우 회사와 근로자 모두 즉시 사임 혹은 해고를 할 수 있다.

일방이 고용계약상의 계약 내용을 이행하지 않을 경우 상대방은 즉시 고용계약을 해지할 수 있으며, 해지 원인 제공자는 통지비용을 지불해야 한다.

- 회사가 급여지급 기일로부터 7일 이내에 급여를 지급하지 않을 경우
- 근로자가 회사의 사전 승인 혹은 정당한 이유없이 2일 이상 결근한 경우
- 근로자가 회사에 통보하거나 통보하려는 노력 없이 2일 이상 결근한 경우

만약 고용계약서상에 특정기한 이전에 고용계약을 종료할 경우 금전적 배상을 해야 하는 조항이 있을 경우에는 싱가포르 노동법이 아닌 고용계약서 내용에 따르게 되며, 분쟁 내용은 민사 법원에서 다투게 된다.

16. 회사의료보험

싱가포르 회사의료보험은 강제적인 제도는 아니며, 싱가포르에 설립된 회사로, 3명 이상의 직원이 근무하는 경우 가입이 가능하다. 회사의료보험은 외래보험과 입원보험으로 구분된다.

만 30살 기준, 국립병원 4인실과 클리닉에서 발생하는 모든 비용이 커버되는 로컬 보험회사의 보험료는 1인당 1년에 SGD500 정도이다. 회사의료보험

을 가입할 경우, 상해뿐 아니라 감기 등 클리닉에서 진료를 받을 수 있는 모든 항목이 100% 무제한으로 보장된다. 회사의료보험은 직원뿐만 아니라 직원의 가족들도 함께 가입할 수 있어 저렴한 가격으로 폭넓은 혜택을 누릴 수 있다.

한국인 보험대리인 :

담당자	전화번호	이메일
신윤희님	+65-8714-7282	yhshin1105@gmail.com
손우락님	+65-9295-5595	endlessvoyage@aia.com.sg

제6절 공증

한국의 은행, 회사, 거래선 등에서 싱가포르 회사와 관련된 서류의 제출을 요청 받는 경우가 있다. 이러한 경우 제출 서류의 진위 여부를 확인하기 위해서 공증 혹은 아포스티유가 필요하다.

1. 공증이란?

공증이란 특정한 사실 또는 법률관계의 존재를 공적으로 증명하는 행정행위이다. 일반적으로는 공증 권한을 가진 공증인(일반적으로 변호사)이 진행한다. 단 제공된 문서에 대해서 확인을 하는 경우가 일반적으로 공증인이 문서의 진위에 대해서는 책임을 지지 않는다(Certified True Copy). 경우에 따라서 공증 의뢰인이 직접 공증인 앞에서 계약서 체결, 위임장 작성 등을 하는 경우에는 해당 내용의 공증 확인서를 작성해 주는 경우도 있다.

Tip

◎◎◎

해외 활동을 위하여 위임장을 작성하게 되는 경우, 한국의 경우 인감증명을 발급받아 인감이 해당 개인이나 법인의 직인임을 확인할 수 있으나 싱가포르의 경우 서명을 하게 되므로 이때 한국의 인감증명을 대신 할 수 있는 것이 변호사가 발행한 'AFFIDAVIT' 이다. 이는 변호사 앞에서 본인의 신분을 확인하고, 서명을 확인받은 것으로서 일반적으로 위임장의 공증 시 함께 작성하게 된다.

2. 아포스티유란?

한 국가에서 발행된 문서가 다른 국가에서 인정을 받기 위해서는 발행국에서 문서의 국외사용을 위한 법적 확인(legalization)을 받아야 한다. 우리나라는 2007년 문서발행국가의 권한 있는 당국이 자국 문서를 확인하고 협약 가입국이 이를 인정하는 내용을 골자로 한 '외국문서에 대한 인증의 요구를 폐지하는 협약(일명 아포스티유 협약)에 가입하여 한국정부에서 아포스티유 인증이 가능하다. 그러나 싱가포르는 아포스티유 조약에 가입하지 않았으므로 싱가포르 외교부(MFA) 혹은 지정된 싱가포르 공증인 사무소에서 공증받은 후 해당 서류를 제출 국가의 대사관에서 영사공증을 받아야 한다. 한국에 제출하는 서류의 경우, 주 싱가포르 한국 대사관에서 영사확인을 받아서 사용하게 된다.

3. 영사확인 대상문서

- 싱가포르 공무원이 공증한 공문서 : 결혼 증명서, 출생 증명서, 공립학교 졸업 증명서 등
- 싱가포르 공증인이 공증한 사문서 : 개인 또는 회사에서 발행하는 사문서

4. 공증 및 영사확인 절차 (주 싱가포르 한국대사관 기준)

- 사문서의 경우에는 싱가포르 공증인에게 인증을 받아야 한다.
  싱가포르 내 모든 공증인이 발행한 공증문서에 대해서 대사관에서 영사확인을 해주지는 않는다. 주싱가포르 한국대사관의 웹사이트 공증란에 게재되어 있는 대사관 인정 공증인 리스트에 포함된 공증인이 공증한 문

서에 대해서만 영사확인이 가능하다. 리스트에 포함되지 않은 공증인에게서 공증을 받은 경우에는 SINGAPORE ACADEMY OF LAW에서 재공증을 받은 다음 영사확인을 받을 수 있다.

- 공문서의 경우에는 싱가포르 외교부(MFA)의 공증을 받은 후 싱가포르 한국 대사관의 영사확인을 받아야 하는데 최대 2일의 시간이 소요된다.

5. 공증과 영사확인 시 주의점

1) 사전에 제출처의 용도에 대해서 확인이 필요하다.
어떤 내용의 공증이 필요한가에 따라서 진행절차가 달라질 수 있으므로 사전 확인이 필요하다.

2) 공증인의 공증 확인서는 반드시 제출처에 사전 확인을 받는 것이 좋다.
절차 진행 중 공증인이 공증 확인서의 초안을 제공할 경우에는 사전에 제출처에 제출하여 제출처에서 원하는 내용이 반영되어 있는지를 확인하는 것이 좋다. 공증과 영사확인까지는 비용과 시간이 많이 소요되므로 다시 발행하는 일이 발생하지 않도록 주의하여야 한다.

3) 모든 국가에서 아포스티유가 가능한 것은 아니다.
싱가포르의 경우 아포스티유 조약에 가입하지 않았으므로 싱가포르에서 발행되는 사문서의 경우에는 한국 대사관의 영사확인 절차를 통하여 확인받은 문서를 한국에 제출하게 된다. 경우에 따라 문서를 제출할 관공서, 은행 등에서 이런 절차의 차이를 모르고 아포스티유만을 고집하는 경우도 있으므로 사전에 확인과 협의가 필요하다.

제7절 자주 받는 질문

1) **질문 :** 현지 등기이사 서비스를 받는 경우, 현지 등기이사가 회사로부터 급여를 받거나 권한을 행사하여 회사에 피해를 주는 경우는 없는지요?

답변 : 현지 노미니 등기이사의 경우, 회사로부터 급여를 받을 필요는 없습니다. 또한 현지 노미니 등기이사의 경우, 법인계좌개설 시 서명권한을 가지지 않으며, 계약 시 노미니서비스 계약을 통하여 어떠한 회사를 대표한 행위를 하지 않는다는 내용에 서명하게 됩니다.

2) **질문 :** 법인 설립 후 은행계좌개설은 언제까지 개설하여야 하는지요?

답변 : 법인 설립 후 은행계좌개설의 시한은 없습니다. 다만 실제 법인의 영업을 위하여 은행계좌가 필요하므로 법인 설립 후 가능하면 바로 은행계좌개설을 진행하는 것이 좋습니다. 은행계좌개설을 위해서는 2명 이상의 등록이사가 싱가포르를 방문하여 은행 담당자와 계좌개설 미팅과 서명등록을 진행하여야 합니다. 또한 등록이사뿐만 아니라 회사가 지정하는 제 3자도 은행서명권한을 가질 수 있으며, 서명권한을 가지길 원하는 자는 계좌개설 미팅 시 함께 참석하여야 합니다.

3) **질문 :** 법인 설립 후 은행계좌개설이 거절되는 경우도 있는지요?

답변 : 최근 은행의 고객심사가 강화되면서 법인이 설립되었으나 계좌개설이 거절되는 경우가 많이 발생하고 있습니다. 은행으로서는 계좌개설 후 개설된 계좌가 원래의 사업이외에 자금세탁, 범죄자금, 테러자금과 관련하여 이용되는 경우 관련 기관의 제재를 받게 되므로 계좌개설 심사 시 실제 사업의 내용을 확인 후 계좌개설 여부를 결정하게 됩니다. 따라서 계좌개설 미팅 전 회사의 영업을 객관적으로 보여줄 수 있는 증빙(인보이스, 계약서 등)을 준비하고 계좌개설과 관련하여 컨설팅사의 자문을 받는 것이 좋습니다.

4) **질문** : 은행계좌개설까지 시간이 얼마나 걸리며 계좌개설 후 어떤 것들을 받게 되나요?

답변 : 업종에 따라 주주(개인 주주, 법인 주주)에 따라 소요시간이 다릅니다. 보통 개인 주주일 경우 최소 3~4주 걸리고, 법인 주주일 경우는 6주 이상이 걸리기도 합니다. 계좌개설이 완료되면, ATM 카드, 수표책, 인터넷뱅킹용 일회용비밀번호 생성기, 인터넷뱅킹 초기 비밀번호 등을 받게 됩니다.

5) **질문** : 해외 직접투자 신고를 통해 증자를 진행하려고 합니다. 이 경우 신고한 주체와 싱가포르 법인 지분 취득 주체가 다른데 문제가 되나요?

답변 : 싱가포르에서의 증자는 송금한 주체와 상관없이 주주의 지분 취득이 가능합니다. 하지만 해외 직접투자 신고 시에는 반드시 신고한 주체와 법인 지분 취득 주체가 동일해야 합니다.

6) **질문** : 새로 설립된 법인입니다. 한국에서 직원을 파견할 계획인데 어떤 비자를 신청하면 될까요?

답변 : 새로 설립한 법인일 경우 비자 승인이 어려울 수 있습니다. EP신청의 경우, 납입자본금, 신청자의 학력(대졸 이상) 및 자격증유무, 경력, 급여 수준, 싱가포르 직원의 채용유무, 사무실의 임대유무 등이 중요 심사요건이 됩니다. 만일 EP가 거절되는 경우, SP 혹은 WP의 신청을 고려해 볼 수 있으나 이는 매월 외국인 고용세(LEVY)를 납부하여야 하며, WP의 경우 가족비자의 취득이 불가능한 제한이 있습니다.

7) **질문** : EP를 신청하려고 합니다. 결과 받기까지 시간이 얼마나 걸리나요?

답변 : 보통 EP 신청 후 3주 이내에 승인, 거절, 자료보완의 통지를 받게 됩니다. 거절의 경우 최대 두 번의 어필할 수 있는 기회가 주어집니다.

8.) **질문** : 이번에 싱가포르 법인에서 베트남 법인에 투자하려고 합니다. 이 때 필요한 서류들은 어떤 공증을 받아야 하나요?

답변 : 한국 이외의 국가에 공증 서류를 제출하는 경우, 해당 서류 제출국가의 대사관에 절차를 확인하는 것이 좋다. 요즘 한국기업들이 많이 진출하고 있는 베트남의 법인 설립 서류 등의 공증은 베트남어로의 번역 후 아래와 같이 진행하게 됩니다.

공문서 경우는 싱가포르외교부 공증-베트남대사관 공증을 하게 되며, 사문서 경우는 변호사 공증, SINGAPORE ACADEMY OF LAW 공증, 싱가포르외교부 공증, 베트남대사관 공증의 절차를 거쳐야 합니다.

9) **질문 :** 공증을 받는데 시간이 얼마나 걸리나요?

답변 : (한국에 제출할 경우)공문서, 사문서 모두 약 1~2일 정도 걸립니다. (한국외 다른 국가에 제출할 경우)공문서는 1~2일, 사문서는 3~4일 정도 걸립니다.

컨설팅 회사의 도움을 받으며 **성(星)차장**은 직접 싱가포르 법인을 설립하고 사무실 임대계약 체결 및 현지 직원의 채용을 진행하였다. 드디어 싱가포르 법인이 어느정도 형태를 갖춘 것 같아서 기쁜 마음이 들었다. 한국 본사의 아시아 관리사업부의 홍상무에게서도 자신이 홍콩 법인 설립할 때보다 잘 진행되는 것 같다는 칭찬을 들어서 한껏 기분이 좋아졌다. 해외 영업과 팀 관리만 하던 자신이 독립법인을 꾸리고 운영하는 역할을 잘 해낼 수 있다는 자신감이 앞으로의 실적으로 이어지길 기대하게 되었다.

chapter 4

회사 운영 시 주의사항

현지인 직원을 채용하였으나 아직까지 적은 인원을 유지하고 있으므로 총무, 인사, 영업, 본사연락 등 몸이 열 개라도 부족한 성차장. 한국 본사에서는 관리조직이 잘 갖춰져 있고 충분한 업무지원을 받아 영업에만 집중할 수 있었다는 것을 절실히 느끼고 있는 매일이다. 싱가포르 법인을 효과적으로 관리하기 위해서 해야할 일을 정리해보았다.

회사 운영 시 주의사항

제1절 급여의 지급

1. (한국인을 포함한) 외국인에게 지급 시

싱가포르에는 한국과 같이 급여나 상여금 지급 시 원천징수 제도가 없으며 싱가포르 국민 혹은 영주권자가 아니면 의무적으로 가입할 사회보험 제도도 없다. 이에 매월 급여 지급은 계약된 급여액 전액을 개인에게 지급하게 되며, 개인소득세의 경우 개인이 책임을 지고 매년 4월 15일까지 신고하게 된다. 신고절차를 회사가 대행해 줄 것인지, 개인이 진행할 것인지의 문제나 확정된 세금 납부액을 회사가 부담할 것인지, 개인이 부담할 것인지 등은 사전에 협의하여 확정을 하는 것이 좋다.

원칙적으로 원천징수는 없으나 예외적으로 싱가포르 비거주 이사에 대해서는 급여 및 상여금 지급시 22%의 원천징수를 하여야 한다.

2. 싱가포르인에게 지급 시(영주권자 포함)

싱가포르 국민 또는 싱가포르 영주권자를 고용하여 이들에게 매월 급여를 지급할 경우 싱가포르의 연금제도인 CPF를 납부해야 한다.

월급여액이 SGD750 이상일 경우 CPF 납부 대상이 되며, 최대 납입액은

SGD5,000이다.

납입액 계산 방법은 다음 표와 같다.

근로자 연령	회사 부담	근로자 부담	총 부담
55세미만	17%	20%	37%
55세 초과 60세	13%	13%	26%
60세 초과 65세	9%	7.5%	16.5%
65세 초과	7.5%	5%	12.5%

따라서 싱가포르 국민 혹은 영주권자를 채용할 시에는 급여액의 17% 를 추가 인건비로 산정하는 것이 좋다.

3. SDL(직업훈련 개발비)

회사는 매월 급여지급 시 소득세 등의 원천징수는 필요없으나 SDL(Skill Development Levy)라는 세금을 지급 급여액의 0.25%(최소 SGD2, 최대 SGD11.25)를 납부해야 한다. 회사가 자진하여 WDA(Workforce Development Agency)에 신고 납부해야 하며, 금액이 소액이므로 실무과정에서 실수를 하는 경우가 많이 발생한다.

CPF 적용 대상자인 싱가포르 국민 혹은 영주권자가 직원 중에 1명이라도 있을 경우에는 납부액을 다음 달 14일까지 CPF 납부액과 합산하여 CPF Board에 납부한다. CPF 대상자가 없는 경우에는 대상자, 납부액 등의 상세 내용을 기재한 레터를 작성하여 납부액 상당의 수표와 함께 직접 WDA에 제출 한다.

4. 급여지급일과 보너스 지급

급여지급일은 회사의 상황에 따라서 결정할 수 있다. 한국 본사의 급여일과 동일하게 설정하거나 월말에 급여를 지급하는 것이 가장 일반적이다. 단 싱가포르 노동법 기준에 따라 급여 산정기한 만료 후 7일 이내에 급여를 지급하여야 한다.

보너스 지급도 연말 1회 혹은 반기(6월, 12월)로 지급하는 것이 일반적이다. 보너스 지급 시점은 회사 운영 중 변경이 어려우므로 처음부터 지급시점을 정해 놓는 것이 좋다.

제2절 기장 업무(Book Keeping)

1. 회계장부의 작성

싱가포르 법인은 싱가포르 회계기준에 근거한 영문 회계장부를 작성해야 한다. 싱가포르 회계기준은 국제회계기준(IFRS)를 전면 채용하고 있고 한국 회계기준(K-IFRS)과 유사한 부분이 많으므로 관련 업무 경험자는 쉽게 익숙해질 수 있다. 단 전부 영문으로 작성되므로 회계용어 습득에 어려움이 있을 수 있다.

계정과목, 적요 등 장부상의 내용을 영어로 작성하는 것뿐만 아니라 감사법인의 질의에 대한 설명이나 자료작성 등도 영어로 진행해야 하므로 초기에 익숙해지기 까지는 외부의 회계법인이나 컨설팅 회사에 업무를 위탁하는 경우가 많다.

일반적으로 싱가포르 법인의 회계장부 작성은 아래와 같이 진행이 가능하다.

- 한국 본사 회계팀/경리부서에서 작성
- 싱가포르 현지 회계법인/컨설팅 회사에서 작성
- 싱가포르 싱가포르 법인 내에서 직접 작성

초기 주재원이 1~2명이 파견나오거나 비회계 부서직원이 주재원으로 나오는 경우 한국 본사의 회계팀에서 업무지원 형태로 기장업무를 담당하는 것이 비용 및 업무부담을 경감시킬 수 있다. 그러나 모든 자료가 영어로 작성되어야 하므로 한국 본사 회계담당 직원의 능력과 사용하는 회계 프로그램이나 ERP 시스템이 영어를 지원하는지를 확인하여야 한다. 대안으로는 싱가포르 현지의 회계법인이나 컨설팅 회사에 기장 업무를 맡기는 것이다. 한국계 업체를 이용할 경우 싱가포르 세무에 대한 설명이나 관련 문제 발생 시 조언을 받을 수 있으므로 세무관련 기회비용을 줄일 수 있다. 싱가포르 법인이 어느정도 규모를 갖추게 되면 사내 회계부서를 만들고 싱가포르 현지인 직원을 채용하고 직접 기장 업무를 진행할 수 있다.

2. 각종 시스템 도입

회사를 운영하는데 있어서 인사관리 시스템, 고객관리 시스템, 회계 시스템, 재고관리 시스템, POS 시스템 등 회사업무 내용에 따라서 다양한 시스템이 필요할 수 있다. 대기업 규모의 회사라면 한국 본사의 시스템과 연결시켜 확장된 형태의 시스템 도입이 필수이며, 소규모 회사라면 현지 상황에 맞게끔 만들어진 시스템을 도입하는 것이 일반적이다.

1) 회계 시스템

회계 시스템은 회사 운영과정에서 회계장부 작성을 위하여 반드시 필요하다. 싱가포르에서는 MYOB 회계 프로그램이 많이 사용되고 있으며, 최근에는 클라우드 형태로 운영되며 월 사용료를 지불하는 형태의 프로그램이 일반적이다. 싱가포르 세무당국은 홈페이지상에 권장하는 회계 소프트웨어를 공지하고 있어 참고를 할 수 있다.

웹 사이트:
http://jlcs.com.sg/Promotions/IRAS-Approved-Accounting-Software.pdf

2) 재고관리, POS 시스템

재고관리나 POS 시스템은 업종에 따라 필요도가 다를 수 있다. 소규모의 경우에는 엑셀로도 관리가 충분하니 일정 규모 이상으로 성장할 경우에는 재고관리 등의 목적으로 도입의 필요가 있다. 도입 시에는 창고업체, 기장 대행업체 등과 협의를 통하여 시스템을 선정하는 것이 좋다.

3) 인사관리, 고객관리 시스템

인사관리 프로그램의 경우 한국 본사에서 사용하는 시스템을 그대로 도입을 할 수 있으나 싱가포르 노동법과 관련한 내용이 반영된 시스템을 도입하는 것이 좋다. 따라서 싱가포르 현지에서 개발운용되는 프로그램을 도입하는 것이 효율적이라 할 수 있다.

제3절 각종 대금 지불

1. 수표

싱가포르에서는 수표(Cheque)의 사용빈도가 높다. 세금 등 정부 기관에 납부하는 금액의 경우 수표와 인보이스를 함께 우편으로 발송하는 것이 일반적이며, 세금이나 비용을 환급받는 경우에도 수표를 받게 된다. 공공요금이나 거래선에 비용 지급 등에도 수표가 자주 이용된다. 한국에서 사용하는 자기앞수표와는 달리 수취인을 지정할 수 있으며, 금액도 원하는 만큼 기입이 가능하므로 사용이 편리하다.

일부 은행의 경우 계좌를 개설하면 저축계좌(Saving Account)와 당좌계좌(Current Account)가 각각 개설되는 경우가 있다. 이 경우 수표는 당좌계좌에 들어 있는 잔액을 수표를 제시하는 상대방에게 지급하는 형태로 금융거래가 이루어진다. 따라서 수표를 발행하기 전에 당좌계좌에 수표를 발행할 금액만큼의 잔고가 있는지 확인을 해야 한다. 저축계좌에 아무리 잔고가 많다고 하더라도 당좌계좌에 잔고가 부족할 경우에는 수표가 부도처리가 되어 신용도에 영향을 줄 수 있다.

수표를 발행할 때는 수표상 PAYEE가 은행의 계좌명과 반드시 일치해야 하므로 사전에 상대방의 이름이나 회사명을 확인하여야 한다. 그리고 지급할 금액을 숫자와 영문으로 기입해야 하므로 영문 숫자표기에 대해서 익숙해져야 할 필요가 있다.

수표를 받아서 계좌에 입금할 경우 현금화까지는 시차가 발생(평균 1일 이상)하므로 기한이 있는 비용을 지불하는 경우 현금화 시점을 감안하여 입금을 해야 한다.

수표 관련 추가 안내

- PAYEE에 'CASH'라고 기재하는 경우, 수표 수령인이 은행을 방문하여 바로 현금으로 수령이 가능하다.
- PAYEE 부분에 'OR BEARER'에서 BEARER를 삭선하지 않는 경우 수표를 수령한 사람은 누구라도 은행에 수표를 제시할 수 있다.
- 오른쪽 위 귀퉁이에 두개 선을 긋는 경우, 은행계좌에 입금만 허용하게 된다.

2. 인터넷 뱅킹

인터넷 뱅킹은 한국의 인터넷 뱅킹과 유사하다. 인터넷 뱅킹의 가장 큰 장점은 인터넷만 가능하면 어디서든 이용이 가능하며 싱가포르 법인의 직원이 전원 영업직이라고 하더라도 한국 본사의 회계 담당자가 인터넷 뱅킹을 통하여 각종 금융업무 진행이 가능하다.

일반적으로 은행은 보안수단으로 OTP를 제공하며 계좌개설 시 인터넷 뱅킹 사용권한을 몇 명이 가질 것인지를 사전에 결정하고 그 숫자만큼 OTP를 발급받을 수 있으며, 한국과 같이 공인인증서를 사용하지 않아 이용이 편리하다.

3. Debit Card/Credit Card

싱가포르에서 계좌를 개설할 경우 일반적으로 Debit 카드가 함께 발급된다. Debit 카드는 사용하는 즉시 계좌의 저축예금계좌에서 비용이 결제된다. Debit 카드도 각종 카드사(VISA, MASTER 등)와 연결되어 있어 각종 음식점이나 쇼핑몰에서 사용하는데 불편함은 없다. Debit 카드는 예금계좌에서 돈이 즉시 빠져 나가므로 저축예금계좌에 잔고가 없고, 당좌계좌나 외화계좌에만 잔고가 있을 경우 결제가 불가능할 수 있으므로 잔고관리에 주의가 필요하다. Credit 카드는 정해진 결제일에 비용이 청구되며, 법인계좌개설 후 해당 은행의 Credit Card 담당자와 연락하여 제출서류 등을 안내 받고 신청하게 된다.

4. 개인이 사용한 비용정산

직원이 회사의 업무를 위하여 먼저 비용을 지출한 후 회사에 이에 대한 지급을 요청하고, 회사가 이를 지급 하는 것이 일반적이다. 그러나 매번 비용정산을 하는 것은 업무적으로 부담이 되므로 월말에 1회 내역과 증빙을 정리하여 제출하면 내부결재 후 인터넷 뱅킹을 통하여 직원에게 송금하는 것이 일반적이다. 회사 내에서 소액결제(Petty Cash)용 현금을 보유하기는 하나 직원이 많은 경우의 건별 지급이 어려우므로 영업직원의 경우, 개인자금의 사용을 피할 수 있도록 개인별 가불을 주고 월말 비용 정산 후 가불액과의 차이를 추가로 지불해 주는 제도를 운영하기도 한다.

제4절 부가세(GST) 등록

1. 개요

GST(Goods and Services Tax)는 한국의 부가가치세에 해당하는 세금으로 세율은 7%이다. GST는 등록제이며 연간 매출이 SGD 1백만 이상인 경우 의무적으로 등록하여야 한다. 연간 매출이 SGD 1백만 이하인 경우에도 회사의 필요에 따라 임의로 등록여부를 결정할 수 있다. GST 등록 사업자는 분기별로 GST 신고해야 하며, 고객에게 GST가 포함된 인보이스를 발행하게 된다.

연간 매출이 SGD 1백만 이상이 예상되는 경우에는 설립 후 바로 GST 등록을 해야하는데 일반적으로 법인설립을 도와주는 회계법인이나 컨설팅 업체가 대행하여 등록을 하는 경우가 많다. 회사의 필요에 따른 임의등록의 경우에는 등록 후 2년간 취소가 불가능 하므로 장단점을 비교하여 판단해야 한다.

2. 장점

지불한 GST에 대하여 공제 혹은 환급을 받을 수 있다. 예를 들어 싱가포르 국내에서 물건을 구매하여 싱가포르 국외로 수출을 하는 경우에는 일반적으로 GST 등록을 하는 것이 좋다. 왜냐하면 싱가포르 국내에서 구매 시 GST를 부담한 제품을 싱가포르 국외로 수출하는 경우에는 구매 시 납부한 GST 납부액을 환불받을 수 있기 때문이다.

이외에도 GST 등록을 하지 않는 기업의 경우 소규모 회사로 인식될 수 있어, GST 등록을 하는 경우 규모가 있어 보일 수도 있다.

3. 단점

GST 등록을 할 경우 분기 1회 신고할 의무가 발생한다. 분기 신고는 예정신고가 아니라 확정신고이므로 매 분기마다 정확한 결산을 진행한 후 이를 기초로 신고를 해야 한다. GST 등록이 되어 있지 않은 경우, 회계연도 기말에 한번에 결산을 할 수 있으나 GST 등록이 되어 있을 경우에는 매 분기마다 결산을 해야 하므로 분기마다 결산을 위하여 담당자들에게 업무 부담을 줄 수 있다. 만약 외부의 회계법인이나 컨설팅 업체에서 결산을 하는 경우에는 회계 관련 비용이 늘어나는 원인이 되기도 한다.

GST 등록을 하지 않았다면 GST를 고객에게 청구하지 않아도 되므로 가격 경쟁력에서 우위를 가질 수도 있다. 고객이 싱가포르 국내에서 GST 등록을 한 법인이라면 고객도 납부한 GST 환급을 받을 수 있으므로 영향은 없다. 그러나 개인이나 싱가포르 국외의 법인이 주 고객이면서 GST가 과세되는 사업을 하고 있는 경우 고객에게 청구하지 않아도 될 GST만큼 미등록 경쟁자에 비하여 고객에서 부담을 주게 될 수도 있다.

싱가포르에서 채용한 직원과 함께 회사 운영의 준비를 어느정도 완료한 **성(星)차장**은 본격적으로 싱가포르 및 ASEAN 지역 영업활동을 시작하였다. 영업활동에는 자신이 있는 성차장이지만 이제 싱가포르 법인을 이끌어가는 리더로서 영업활동 뿐만 아니라 관리활동까지 같이 수행해야 하므로 막중한 책임감을 느끼게 되었다. 회계관련 경험이 없는 본인이 싱가포르 직원들과 잘해 나갈 수 있을지 걱정과 함께 업무영역이 넓어지는 것에 대해서 설레임을 느끼게 되었다.

chapter 5
싱가포르 회사법

싱가포르 법인의 운영을 책임진 **성(星)차장**은 최근 회사관련 법률에 대한 공부에 매진하고 있다. 회사를 운영하는 데 있어 세법, 회사법, 계약법 등 법에 대한 지식이 없이는 회사를 운영하는데 한계가 있다는 점을 알게 되었다. 물론 컨설팅 회사의 도움을 받아서 회사를 운영하더라도 문제는 없으나 한국 본사에서 요청하는 각종 문의에 대해서 정확한 대응을 하기 위해서는 법률 지식이 필요하다는 것을 최근에 절실히 느끼고 있다.

싱가포르 회사법

제1절 싱가포르 법제도

현재 싱가포르 법률은 역사적으로 영국의 식민지 지배를 받았던 이유로 영국의 보통법(common law)을 기초로 하고 있다.

보통법은 기존의 축적된 판례상의 합의를 기초로 성립되는 법체계이다. 상세한 법률을 제정하기보다는 일반 상식이나 관습에 기반하여 법원이 판단한 결과를 인정하는 법률 구조이다.

싱가포르에는 보통법 외에 성문법으로 정한 규정이 법적 처벌의 근거로 활용된다. 성문법은 크게 법률과 부속법률로 구성되어 있다.

1. 법률

법률은 싱가포르 국회에 의해 제정된 법률 뿐만 아니라 영국 국회 등 과거 싱가포르에 대해서 입법권을 가졌던 기관에 의해서 제정된 법률도 포함된다. 상기 기관에 의해 제정된 법률은 폐지되지 않는 한 현재도 법적효력은 계속된다.

2. 부속법률

부속규정은 직접 국회에 의해서 제정되는 법률이 아닌 장관 혹은 기타 행정 기관에 의해 법적인 권한을 위임받거나 기타 적정한 위임을 근거로 제정되는 법을 말한다. 현재 효력이 있는 대표적인 부속법률은 '싱가포르 공화국 부속 법률'이 유명하다.

싱가포르의 회사법은 Companies Act로 불리며, 1966년에 말레이시안 연방에서 분리독립하는 과정에서 제정되었다. 이후 1~2년 주기로 개정이 이루어지고 있다.

외국인이 싱가포르에서 회사를 설립하고 운영하는 경우에는 싱가포르 회사법의 적용을 받는다. 이외에도 회사의 조직, 파산, 담보 설정, 상장 등에 대해서도 규정하고 있다.

제2절 회사 내 조직 구성

싱가포르에 진출하는 경우 회사는 비공개(Private)이면서 유한책임회사(Limited) 형태의 법인을 설립하는 것이 일반적이다. 이 경우 회사 내에 어떤 조직이 구성되어야 하는지 한국의 주식회사와의 차이를 비교해 보고자 한다. 한국의 주식회사의 경우 감사 선임이 필수이며, 유한회사의 경우에는 임의사항이다. 그러나 싱가포르에서는 감사 선임에 관한 규정이 없으며, 한국에는 없는 간사 혹은 비서(Company Secretary)의 선임이 반드시 이루어져야 한다. 한국에는 대표

이사의 등록이 필요하나 싱가포르의 경우에는 설립 시 대표이사(CEO)를 임명하지 않으며, 필요한 경우, 설립 완료 후 이사회를 통하여 대표이사를 임명한 후 기업등록국(ACRA)에 등록이 가능하다.

항목	한국	싱가포르
주주 및 주주총회	필수	필수
이사 및 이사회	필수	필수
간사(Company Secretary)	제도 없음	필수
감사	필수	제도 없음
대표이사	필수	임명가능

1. 주주 및 주주총회

1) 주주는 한국과 같이 1명 이상이면 법인 설립이 가능하며 주주는 개인이나 법인이 모두 가능하다.

2) 주주의 권리

- 싱가포르 회사법에 있어서 다수 주주 및 이사에 의한 소수 주주의 일방적인 피해를 막기 위해서 각종 소수 주주권이 인정되고 있다.

  사전 이익보호를 위한 권리로는 정관 열람 청구권(회사법 40조), 주주명부 및 이사회 회의록, 결산 관계서류 등의 열람 청구권 등이 있다.

  또한 주주는 이러한 권리를 행사하여 정보를 확인한 후 문제가 발견되었을 경우에는 주주총회에 의제로 제안할 수 있어, 이사나 회사의 부적절한 의사결정을 사전에 방지 및 시정할 수 있다.

  그리고 사후에 권리를 보호하기 위해서 불공정한 취급에 대해서는 법원에 제소권, 법원에 대한 법인 해산청구권, 대표소송 등이 인정된다.

이러한 권리 행사를 통해 소수 주주는 사후에 손실을 회피할 수 있다.

3) 주주총회

- 연 1회 개최하는 이사회에서 주주총회의 일정과 결의사항을 결정한다. 정기주주총회(AGM)는 비상장사의 경우 회계연도 종료일 기준 6개월 이내에 개최하여야 하며, 상장사의 경우 회계연도 종료일 기준 4개월 이내에 개최되어야 한다.

또한 주주총회에 있어서 일반결의는 출석한 주주의 결의권의 과반수, 특별 결의의 경우에는 출석한 주주의 결의권의 4분의 3 이상의 찬성으로 결의 된다.

4) 주주총회의 종류

주주총회는 주주에 의해서 구성되며, 정기 주주총회와 임시 주주총회로 구분된다.

정기 주주총회는 결산서의 승인이나 배당의 결정 등 법정 결의사항이 정해져 있으며, 이외의 결의사항도 함께 결의가 가능하다. 이에 비하여 임시 주주총회는 중요한 자산의 양도나 합병 등 임시로 발생하는 중요사항이 결의의 대상이 된다.

주주총회와 비슷한 것은 법인설립 단계에서 개최되는 창립총회(First Meeting)가 있다. 창립총회는 발기인(최초의 주주)들에 의해서 열리며 법인 설립 과정의 기본 사항(주식, 배당 등)에 대해서 결의한다.

5) 개최장소

주주총회의 개최장소에 대해서는 회사법상에서 규정하고 있지 않으므로 정관에서 정하거나 통지서 배포 시 개최장소 및 시간을 주주에게 통지하는 형태가 일반적이다.

6) 소집권자와 소집통지

주주총회의 소집권자는 법인의 이사(회)이며 법인이 공개회사(상장사 등)일 경우에는 최소 3주 전, 비공개회사일 경우에는 2주 전에 통지하여야 하며, 서면 통지를 원칙으로 하지만 예외로 전자데이터(예, 이메일 혹은 팩스)를 통한 통지도 가능하다. 일정 이상의 의결권을 가진 주주가 이사에 대해서 주주총회 소집을 요구하는 경우에도 소집이 가능하다. 법원의 허가에 따라서 주주에 의한 주주총회 소집이 인정되는 경우도 있다.

한편 싱가포르 법인은 의무적으로 간사(Company Secretary)를 임명하여야 하며, 소집 통지서 작성이나 발송은 간사 혹은 컨설팅사에서 대행하는 것이 일반적이다.

7) 주주총회의 의장

주주총회의 의장(Chairman)은 원칙상 주주총회 의결 사항이며, 권한은 주주총회의 회의의 진행과 질서유지를 위한 권한을 가진다. 의장의 선임은 주주총회 결의에 의해 결정되지만 정관에 의하여 의장을 결정하는 것도 가능하다.

의장이 반드시 주주이어야 할 필요가 있는가에 대해서는 이론이 있으나 주주가 정한다면 가능하다는 것이 일반론이다.

8) 주주총회상의 결의

기본적으로 싱가포르 회사법상 주주총회의 결의는 보통결의와 특별결의로 나눌 수 있다.

보통결의는 통상적인 의사결정 사항에 대해서 이루어지는 결의방법이며, 특별결의는 회사의 중요한 사항(중요 자산 처분, 합병 등)에 대해서 적용되는 결의방법이다.

결의방법	요건		결의내용
보통결의	의사정족수	2명 이상 (혹은 정관에서 규정한 수 이상)	결산의 승인 이사에 대한 금전대여 등
	의결정족수	출석한 주주의 결의권 과반수	
특별결의	의사정족수	2명 이상 (혹은 정관에서 규정한 수 이상)	주요자산의 처분, 합병, 감자, 정관의 변경
	의결정족수	출석한 주주의 결의권 3/4 이상	

* 주주가 1인인 경우는 위에 해당하지 않음.

2. 이사 및 이사회

1) 이사 수

- 싱가포르 회사법은 1명 이상의 이사를 임명하며 최소 1명의 싱가포르 거주자인 이사가 임명되어야 한다. 이사의 필요요건으로 만 18세 이상의 자연인이여야 하며, 70세 이상의 사람이 이사로 취임할 수 없다는 규정은 2016년 회사법 개정을 통하여 효력이 상실되었다.

이사회는 회사의 중요한 조직이므로 다음에 해당될 경우에는 이사 임명이 금지된다.

- 파산자
- 법원에서 부적격 명령을 받은 자

- 사기 또는 부정행위로 인한 유죄판결을 받은 자
- 회사법상의 등기의무에 관한 상습 위반자

2) 이사의 임명 및 해임

회사법상에 정해진 규정은 없으며 일반적으로 실무상 정관에 임명 및 해임 방법 등을 규정하는 경우가 많다. 단 공개회사의 경우에는 정관에 기재된 내용과 상관없이 임기 만료 전이라고 하더라도 주주총회의 보통결의로 해임을 할 수 있다.

3) 이사의 임기

이사의 선임 및 해임은 회사법상 정해진 규정은 없으며 정관의 규정에 따르는 것이 일반적이다.

4) 이사회

싱가포르 회사법에 따라 적어도 1년에 한 번은 이사회를 개최하여야 한다. 이사회 소집방법 등은 싱가포르 회사법에 정해진 바가 없으며 일반적으로는 회사 정관에 이사회의 소집방법 및 이사회의 정족수를 규정하고 있다.

또한 이사회에는 이사들에 대한 일반행동원칙이 정해져 있다.

- 회사의 이익을 위해서 성실하게 업무를 수행해야 한다.
- 적절한 목적을 위해서 주주 전체의 이익을 위해서 이사의 권한을 행사해야 한다.
- 적절한 경우를 제외하고는 이사로서의 권한을 다른 사람에게 위탁해서는 안된다.
- 최대한 주의를 기울이고, 능력을 발휘해야 하며 노력을 해야만 한다.
- 개인과 회사의 이익의 충돌을 피해야 한다.
- 법률을 준수하며 이루어지는 경우를 제외하고서는 이해관계가 있는 거래를 해

서는 안된다.

- 지위를 이용해서 이익을 얻어서는 안된다.
- 회사의 재산 또는 정보를 부정하게 이용해서는 안된다.
- 지위를 이용하여 제3자로부터 개인적인 이익을 얻어서는 안된다.
- 회사의 기본 정관과 회사의 규정을 준수해야 한다.
- 적절한 회계장부를 관리해야 한다.

3. 기타

1) 회계 감사인

싱가포르의 모든 회사는 매출이 SGD1천만 이상이 되면, 회계감사인을 반드시 임명하여야 한다. 이사회에서 선임하게 되며, 설립 시 예상 매출이 SGD1천만이 넘을 경우에는 설립 후 3개월 이내에 임명하여야 한다.

2) 감사 선임

한국의 규정과 달리 법인설립 시 감사선임하는 제도가 없다.

제3절 주식 발행

싱가포르 법인은 정관에서 허용하는 경우, 발행 시 1주당 액면가가 정해지지 않은 상태로 발생되는 무액면주식(non-par value stock)의 발행이 가능하다.

1. 우선주

우선주란 보통주식에 비하여 배당, 잔여재산의 분배에 대해서 우선권을 가지는 주식을 말하며 발행에 대하여 정관에서 그 내용을 규정하여야 한다.

- 누적적 우선주 여부
- 배당의 지급, 잔여재산의 분배의 우선권 여부
- 결의권 유무

누적적 우선주는 특정연도의 배당액이 우선 배당액에 미달하는 경우에 부족금액이 다음연도 이후로 누적되는 우선주를 말한다.(다음연도로 누적되지 않는 우선주는 비누적 우선주라고도 한다.)

기본적으로 우선주는 의결권이 제한된다. 이는 회사의 운영에 관심이 없는 잠재적 주주로부터 자금 조달을 쉽게 하기 위해서이다. 배당에만 관심이 있는 주주는 금전적 보상을 회사에 대하여 요구하며 일반적으로 주식이 가지는 의결권은 가지지 않는다.

2. 자사주

싱가포르 법인의 경우 자사주 및 지주회사의 주식 취득은 금지되어 있다. 자사 주식의 취득을 자유롭게 하는 경우, 아래의 문제가 발생할 수 있기 때문이다.

- 자본유지원칙에 위반: 자본금의 반환 등으로 회사의 자산기반이 약해질 수 있음
- 주주평등 원칙에 위반: 특정 주주와의 거래에 의한 경우, 가격의 타당성, 매각 기회의 차등이 발생할 수 있음.

- 회사 지배나 주식거래의 공정 위반 : 특정 주주와의 거래에 의한 경우 지분율 변동 등, 주가 조작 등의 문제가 발생할 수 있음.

싱가포르에서 인정되는 자사주의 취득은 다음의 경우에 한한다.

- 우선 매입 청구권 부여 주식을 취득
- 주주총회에서 승인된 방법으로 취득
- 주주총회 특별결의로 승인된 합의서에 기반하여 시장외 취득
- 주주총회 특별결의로 승인된 계약서(불확정 매매 계약서) 기반한 취득
- 자기 주식 취득이 주주총회 보통결의로 승인된 경우 시장에서 취득
- 법원의 명령에 따른 취득

싱가포르 법인은 자기 주식의 취득 자금은 채무액을 초과하지 않는 범위의 금액으로만 가능하다. 채무액을 초과하는 것을 알면서도 자기 주식취득을 허가한 이사는 SGD100,000 미만의 벌금 또는 3년 이하의 금고에 처해질 수 있다.

제4절 회사의 청산 절차

1. 지사의 폐쇄

외국 기업의 싱가포르 지사가 자발적으로 사업을 종료하는 경우, ACRA에 등기를 취소해야 하며, 별도 청산과정은 필요하지 않다. 지사의 대리인은 'Notification by Foreign Company of Cessation of Business'를 사업 정

지일로부터 7일 이내에 ACRA에 제출해야 한다.

본점이 청산수속에 들어 갔을 경우 또는 주주에 의하여 해산이 결의되었을 경우 지사는 즉시 그 업무를 종료해야만 한다. 이 경우에 지사의 대리인은 'Notice by Authorised Representative of Foreign Company of Liquidation or Dissolution of Company'를 절차 개시일로부터 14일 이내에 ACRA에 제출해야 한다.

또한 다음의 경우에는 지사의 등록이 말소 당할 수 있다.

- 지사가 싱가포르에서의 사업을 종료한 경우
- 위법적인 목적으로 지사가 설립 된 경우
- 지사의 책임 위임권자(Authorized representative)가 회사에 대해서 사임을 통보하고 ACRA에도 통지를 하였으나 회사가 12개월 이내에 대응을 하지 않을 경우
- 책임 위임권자가 지사 등록존속 여부에 대해서 외국 본사에 지시를 요청하였으나 12개월 이내에 본사로부터 지시를 받지 못한 경우
- 책임 위임권자가 사망한 다음 6개월 이내에 후임자가 선임되지 않았을 경우

2. 법인의 등기말소(Strike off)

현지법인이 설립 이후 사업활동을 하지 않거나 사업을 정지하고 일정 시간이 경과하거나, 휴면상태에 있는 경우에는 Strike Off에 의한 등기 말소 절차를 밟을 수 있다.

회사가 영업을 정지하고, 법적 분쟁이 없고, 미지급 채권(대정부 라이센스 비용, 세

금 포함)이 없으며, 이사 전원과 과반수 이상 주주의 동의를 얻는 등 일정 조건을 갖추면 폐업일까지의 세무보고를 완료한 후 ACRA에 대해서 Strike Off의 신청(Application for Striking Off)을 할 수 있다. ACRA가 신청을 받아들이면 1개월 후에 관보에 공고되고 공고 후 3개월 동안 이의 신청이 없으면 등기가 말소 된다.

3. 자발적인 법인의 임의 청산(Voluntary Winding up)

주주 혹은 채권자에 의해 진행되며, 법원이 아닌 ACRA를 통하여 진행된다.

먼저 주주에 의한 임의청산(Member's Voluntary Winding up)을 진행하기 위해서는 모든 채무에 대해서 채무를 전부 변제해야 하는 조건이 있다. 청산 개시일부터 12개월 이내에 회사의 채무의 전액 변제가 가능한 것을 확인하는 '지불능력 확인서'에 이사들이 서명을 해야 한다. 회사가 채무초과에 빠져 있는 경우에는 모회사나 주주에 의한 채권 포기나 증자 등을 통하여 사전에 채무초과 상태를 해결하고서 청산을 진행해야 한다.

'지불능력 확인서(Declaration of Solvency)'를 ACRA에 등기한 다음, 주주총회 소집 통지서를 발송하고(지불능력 확인서 등록 후부터 5주일 이내), 주주총회 특별결의 형태로 임의 청산을 결의하고 청산인을 선임하게 된다. 주주총회 결의내용을 결의한 후부터 7일 이내에 ACRA에 등기하고 14일 이내에 청산인의 선임을 ACRA에 등기, 10일 이내에 일간지에 공고를 해야 한다. 청산 개시 후 청산인은 회사의 자산의 현금화 및 채무의 정리를 진행하여 청산 개시일로부터 6개월 단위로 해당 기간의 입출금 및 자산 및 부채의 잔고를 보고하는 계산서를 작성하여 ACRA에 등기한다.

일반적으로 주주에 의한 임의청산에 있어서 가장 시간이 걸리는 것은 IRAS

에 의한 세금정리 수속이다. 회사는 IRAS에서 모든 세금 채무의 납부를 완료한 것을 증빙하는 문서(Tax Clearance)를 발급받아야 한다.

청산수속의 모든 절차가 완료되면 청산인은 자산의 처분 등에 관한 최종 보고서를 작성하여 청산 종결회의를 소집하게 된다. 청산 종결회의의 소집통지는 싱가포르에서 발행되는 영어, 말레이어, 중국, 타밀어의 신문 각 1종 이상, 합계 4종 이상에 공고를 해야만 한다. 통지기간은 1개월 이상의 시간이 필요하다. 청산 종결회의 개최일로부터 7일 이내에 청산인은 신고서를 ACRA에 등기해야 한다. 이 신고서가 ACRA에 등기한 날로부터 3개월 경과한 시점에 법인격이 소멸(Dissolution)된다.

두 번째로는 채무로 인하여 회사의 계속 영업이 불가능한 경우에 채권자에 의한 임의청산(Creditors' Voluntary Winding Up)을 진행하게 된다. 기본 절차는 주주에 의한 임의청산과 동일하지만, 임시청산인의 임명과 채권자회의를 개최하는 것이 큰 차이라고 할 수있다. 그 절차는 회사가 자발적 청산을 관리하는 정부 부서인 Ministry of Law official에 임의청산을 신청한 후 신청 1개월 이내에 채권자 회의를 개최하여야 하며, 임시청산인을 임명하여 임명 후 14일 이내에 임명사실을 Ministry of Law official에 보고한 후 최소 4개의 신문에 임의청산 사실을 게재하여야 한다. 또한 채권자 회의의 개최를 위하여 회의 7일전까지는 모든 채권자에게 우편으로 채권의 내용과 회의 개최일자를 고지하여야 하며, 최소 7일 전까지는 신문에 채권자 회의의 개최를 기재하여야 한다.

4. 법원에 명령에 의한 청산(Winding Up by Order of Court)

회사 이외에 채권자, 청산인, 법무대리인 등이 법원에 청산을 신청할 수 있으며, 그 절차는 자발적 청산과 달리 법원에 청산을 신청하는 것으로 시작된다. 자발적 청산이 아닌 강제적 청산을 선택하게 되는 이유는 회사측면에서는 회사가 주요 사업목적을 달성할 수 없는 경우, 회사의 관리가 교착상태인 경우, 소액주주가 대주주의 횡포에 따른 피해를 막기 위한 경우, 회사가 불법적인 행위를 하는 경우가 있을 수 있으며, 정부가 진행하게 되는 경우의 예로서는 채무변제가 불가능한 경우 이외에 회사가 정부의 보고의무를 이행하지 않거나, 설립한 후 혹은 운영 중 일년 이내에 사업을 시작하거나 사업을 중지한 경우, 이사가 주주의 이익보다는 자신의 이익을 위하여 행동한 경우, 회사가 불법적인 행위를 진행한 경우 등을 들 수 있다. 이는 법률적인 절차이므로 전문가의 자문을 받아 진행하여야 한다.

성(星)차장은 회사 운영 및 폐업에 대해서 회사법 관련 조항을 찾아보면서 관련된 지식이 정말로 부족했다는 생각을 했다. 앞으로는 싱가포르 법인을 책임지는 책임자의 입장에서 영업, 회계 뿐만 아니라 법률 등 다양한 지식과 소양을 갖춰야 할 것 같다는 생각이 들었다. 법인의 정리에 대해서도 법률적 지식을 접했지만 자신이 싱가포르에 있는 동안에는 법인을 정리하는 일이 없도록 최선을 다하겠다는 다짐을 했다.

chapter 6
싱가포르 주식상장

한국 본사로부터 향후 회사의 발전을 예상하며 아시아의 금융중심 허브인 싱가포르에서 싱가포르 법인을 상장하는 것에 대하여 조사를 지시받아 싱가포르 주식거래소의 홈페이지를 방문하고 관련 자료를 정리하여야 하는 상황이 되었다. 사업의 발전에 따라 멀게만 느껴지던 싱가포르 거래소에 싱가포르 법인의 상장을 상상하며, 법인장으로서 뿌듯한 성취감을 느끼게 되었다.

싱가포르 주식상장

제1절 싱가포르 증권거래소 개요

싱가포르 증권거래소(약칭 SGX)는 아세안 지역에서 가장 국제화된 증권거래소이며, 주식, 채권 뿐만 아니라 다양한 금융상품이 거래되고 있다.

주식시장은 한국의 거래소시장에 해당하는 메인보드와 코스닥시장에 해당하는 캐탈리스트로 구성되며, 현재 거래되는 기업은 745개(시가총액 약 800조 원)로 해외 소재 기업이 개수로는 40%, 시총 기준으로는 절반 가량을 차지한다.

일본, 홍콩에 비하면 규모가 작은 편이나 아세안 지역에서는 최고 시가총액을 기록하고 있으며, 외국 기업의 상장 수가 많고, 국제적인 증권거래소로서 발전하고 있다.

현재 싱가포르 거래소에 상장한 한국기업은 팬오션, 스팩맨엔터테인먼트, 어니언텍 , 카카오 등이 있다.

1. 상장의 매력

비즈니스 측면에서 싱가포르의 매력은 여러가지가 있으나 주식시장 측면에서 SGX는 어떤 매력이 있는지 살펴본다.

1) 국제적인 상장 허브

싱가포르는 비즈니스 환경이 세계 1위에 선정된 적이 있을 정도로 국제적으로 인지도가 높으며, 상장 회사의 40% 이상을 외국 회사들이 차지하고 있다.

2) 아시아 산업 리딩 섹터

물류나 해운 등의 세계적인 허브이면서 REIT(부동산 투자신탁)를 포함한 부동산 투자도 활발하게 이루어지고 있어 다양한 업종을 리드하는 시장이다.

3) 국제적인 투자가의 주목

금융 허브로서 인지도가 높아서 많은 국제적인 금융기관, 기관 투자자, 자산 관리회사가 싱가포르에 거점을 두고 있다.

4) 신뢰성이 높은 감독체제

싱가포르 금융시장은 강력한 법률 및 사법제도 아래에서 관리되고 있으며 사회 부패 정도가 다른 선진국과 비교하더라도 낮은 편이다.

외국기업이 아세안 지역 및 아시아 전역, 나아가서는 세계시장으로의 확장을 계획하는 경우 싱가포르 주식시장에의 상장은 취급하는 상품이나 서비스의 마케팅적인 측면에서 유리할 뿐만 아니라 기업 그 자체의 인지도를 높이는 등의 부대효과까지 누릴 수 있다.

또한 신뢰성이 높은 감독체제가 갖춰져 있으므로 투명성이 높은 시장이 유지되고, 우량한 투자가와 우량한 기업들이 몰려드는 효과가 있다고 할 수 있다. 상장 절차가 결코 간단하지는 않으나 상장했을 때는 자금조달 수단이면서 동시에 중장기적인 기업전략을 생각한다면 싱가포르에서 상장은 큰 장점이 있다고 볼 수 있다.

제2절 주식시장별 구분과 상장절차

1. 메인보드(Mainboard)

주식의 메인보드 상장에는 프라이머리 상장 및 세컨더리 상장이 인정된다. 프라이머리 상장은 싱가포르에 처음으로 상장하는 것을 의미하며, 세컨더리 상장은 다른 증권거래소에 상장해 있는 회사가 추가상장으로 SGX에 상장하는 것을 의미한다.

프라이머리 상장의 경우뿐만 아니라 세컨더리 상장의 경우도 공모가 이루어지지 않는 방식(인트로덕트링 방식)의 상장이 인정되고는 있으나, 최근의 사례로는 SGX는 일정 규모의 자금조달을 요구하고 있으며, 실질적으로는 인트로덕트링 방식의 상장은 불가능하도록 변경되고 있다.(실제적인 진행 여부는 상장 준비과정에서 SGX와의 협의에 의해서 결정하게 된다.)

2. 캐탈리스트(Catalist)

캐탈리스트는 중소기업과 벤처기업을 대상으로 하고 있으며 상장기준이 없고 스폰서(주간사 증권회사)가 SGX를 대신하여 심사를 진행하고 스폰서가 독자의 상장기준을 가지고 있는 점이 가장 큰 특징이다. 메인보드에 비교하면 상장까지의 기간이 짧다. 캐탈리스트의 경우 세컨더리 상장이 인정되지 않는다. 스폰서는 SGX에 인정을 받은 14개 금융기관 중 하나이어야 하며, 메인보드와 다르게 스폰서가 상장의 적격성을 판단하는 특징이 있다. 이를 통해서 상장 절차를 단순화하고 있다.

3. 상장요건

	메인보드	캐탈리스트
수치요건	다음 기준 중 1가지 충족 1. 최근 회계연도의 연결 세전이익이 SGD3,000만 및 3년 이상의 실적이 있을 것 2. 최근 회계연도의 연결 세전 기준으로 이익을 내며, 3년 이상의 사업실적이 있고, 신규 상장 시의 발행가격에 기반한 시가총액이 SGD1억5천만 이상일 것 3. 최근 연도에 영업이익을 내고 신규 상장 시에 발행가격에 기반한 시가총액이 SGD 3억 이상일 것, 최소 1년 이상의 실적이 있을 것	SGX이 지정한 기준이 없음 단 스폰서가 독자의 수치기준을 적용
주주구성	최소 주주수는 500명이 발행주식의 25%를 소유해야함. (세컨더리 상장의 경우 전세계에 500명 이상의 주주가 존재해야 함) 시가총액에 대응하여 최저 일반 주주 비율이 규정되어 있음	신규 상장 시에 공모 후 최저 일반 주주 비율은 15%, 최저 주주 수는 200명
경영진	외국 기업의 경우에는 최소 2명의 싱가포르 거주독립 이사가 필요	외국 기업의 경우 상장 시 최소1명의 싱가포르 거주독립 이사가 필요
기타	임원, 주주, 주주가 지배하고 있는 회사에 차입금이 있는 경우 상장 전에 상환해야 함	임원, 주주, 주주가 지배하고 있는 회사에서 차입이 있는 경우 상장 전에 청산해야 함

회계기준은 국제재무보고기준(IFRS), 싱가포르 회계기준, 미국 회계기준(USGAAP)에 따른 재무제표를 작성할 필요가 있다.

4 . 상장 시간계획

1) 메인보드

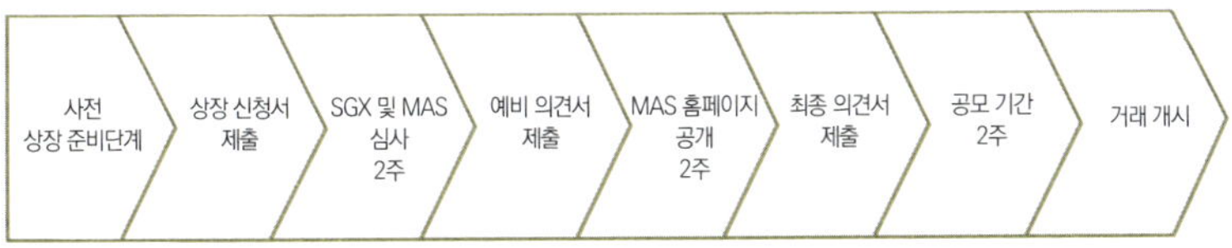

2)캐탈리스트

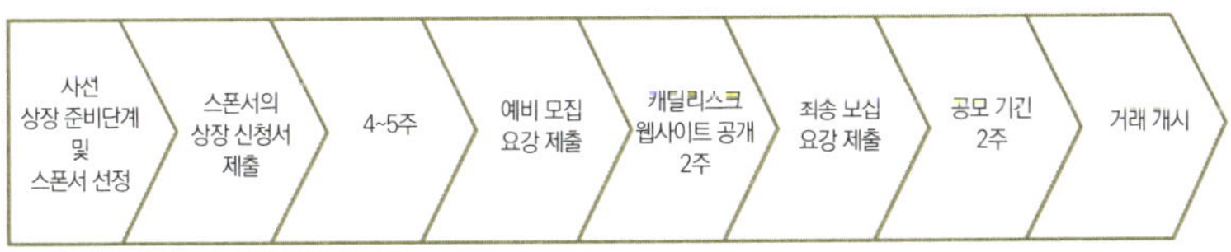

상기 진행 스케줄상에서 소요되는 시간보다는 사전 준비 단계에서 많은 시간과 노력이 필요하다. 특히 SGX나 MAS(금융 감독청), 스폰서(캐탈리스트의 경우)에 의한 수많은 질문에 답해야 하므로, 짧은 시간 내에 대응을 하는 것이 상당히 어렵다. 따라서 일반적으로 IPO는 상기 일정대로 진행되지 않을 수 있다.

상장 조건을 확인해 보면서 한국 본사가 싱가포르에서 상장을 하는 것이 쉽지는 않지만 기본적인 조건을 충족한다는 것을 알게 된 **성(星)차장**은 앞으로 자신의 역할이 더욱 확대될 수 있다는 생각을 하게 되었다. 싱가포르 법인이 제대로 자리잡고 향후 본사의 싱가포르 상장까지 연결될 수 있다면 홍상무와 같이 자신도 성공신화를 쓸 수 있겠다는 생각을 하게 되었다.

chapter 7
싱가포르의 세무보고

싱가포르 비즈니스가 본격적으로 시작되면서 매출과 비용지출이 발생하기 시작하였다. 영업활동을 하면서 비용 정리를 위해 저녁에 남아서 전표를 작성하던 옛날 생각을 하면서 회계업무에 대하여 문제가 없는지 확인해 볼 필요를 느끼게 되었다. 회계담당 싱가포르 직원에게 회계관련 처리 상황을 확인하고 한국 본사의 회계팀에 회계처리에 대한 내용을 문의하면서 회계에 대한 지식을 늘려가던 중 지금 방식대로 진행하다가는 회계 상 문제가 발생할 것 같아서 법인 설립 시 도와준 아토즈 싱가포르 컨설팅에 회계 처리에 관한 진단을 요청하기로 하였다.

싱가포르의 세무보고

제1절 회계제도

1. 싱가포르 회계제도 개요

싱가포르의 회계기준은 Accounting Standard Acts(회계기준법)에 따라서 Accounting Standards Council(ASC, 회계기준평의회)이 정하며, ASC가 정하는 회계기준은 Financial Reporting Standard(재무보고기준, 국제 재무보고기준(IFRS)라 구별하기 위해서 'FRS'라고 부름)와 Interpretations of FRSs(재무보고기준의 해석기준)로 구성된다. ASC는 이외에도 회계기준의 초안이 되는 'Exposure Draft'를 공표하고 대중의 의견을 수렴한다.

회사법 201조에서 싱가포르의 모든 회사는 소정의 회계기준(SFRS)에 준거한 적정한 결산서를 작성해야 한다고 규정하고 있으며, 204조(1)는 벌칙규정(SGD10,000~SGD100,000의 벌금)도 규정되어 있다. 따라서 결산서 작성 시 SFRS의 기준에 따르지 않는 경우, 회사법 위반으로 벌금을 부과받을 가능성이 있으며, 이 벌칙규정은 회사의 이사에 대한 규정임을 유의해야 한다.

감독관청은 Accounting and Corporate Regulatory Authority(ACRA)이며, 회사법이나 회계기준 준수 여부 등을 감독하면서 결산서나 회사정보의 등기사항을 관리한다.

2. 회계기준

1) 개요

싱가포르의 회계기준은 SFRS라고 부르며, 기본적으로는 IFRS를 따르고 있으며, 구성 및 기준번호에 있어서도 IFRS 및 IFRS의 일부인 International Accounting Standard(IAS, 국제회계기준)와 거의 동일하다. 예를 들어 SFRS 27조 'Consolidated and Separate Financial Statements'의 내용은 IAS 27조 'Consolidated and Separated Financial Statements'와 거의 동일하다.

IFRS를 채용함으로서 얻는 실익은 범용적이며, 비교 가능성이 높은 재무제표를 제공할 수 있으며, 충분한 회계 정보의 공개 등의 투명성을 보여준다는 장점이 있다. 싱가포르는 다국적 기업의 유치, 다양한 국가에서의 투자유치, 첨단기술 및 연구기관의 유치 등을 위하여 각종 제도나 인프라 측면에서 많은 지원을 하고 있으며, IFRS의 채용 또한 이러한 국가정책을 반영하여 기업친화적인 환경을 만들고자 하는 것으로 이해할 수 있다.

또한 싱가포르와 같이 인적 자원이 한정된 국가가 독자적으로 복잡한 회계기준을 개발하는 것은 비효율적이므로 국제적인 회계기준인 IFRS를 도입하여 적용하는 것은 매우 합리적이라고 볼 수 있다.

2) SFRS의 적용대상

싱가포르 회계기준의 적용대상의 회사는 싱가포르의 회사법에 따라서 설립된 회사, 외국 법인의 싱가포르 지사 등이다.

3) 재무제표의 종류

재무제표의 종류는 아래와 같다.

- 포괄손익계산서(Statement of Profit or Loss and Comprehensive Income)
- 재무상태표(Statement of Financial Position)
- 자본변동표(Statement of Changes of Equity)
- 현금흐름표(Cash Flow Statement)
- 주석(Notes to Financial Statement)

싱가포르 법인의 경우 규모가 작은 회사라도 사적면제회사가 아닌 경우 현금 흐름표를 작성하여 공개하여야 한다.

위의 재무제표와 함께 아래 문서들을 포함한 결산서를 ACRA에 제출하게 된다.

- 이사 보고서(Directors' Report)
- 이사 확인서(Directors' Statement)
- 독립 감사인 보고서(Independent Auditor's Report) - 해당사항이 있는 경우

4) SFRS와 IFRS의 차이점

현재 41조로 구성되는 SFRS의 각 기준 가운데 IFRS와 차이가 있는 조항은 다음과 같다.

(1) 고정자산(IAS 16조, SFRS 16조)

고정자산의 회계처리 시 재평가 모델을 채용한 경우, SFRS는 예외규정에 따라서 일정 기간 내에 재평가를 실시한 고정자산에 대해서는 이후 재평가가 필요하지 않다는 것을 인정하고 있다.

반면 IFRS는 위의 예외규정을 인정하지 않고 있다

(2) 부동산 개발에 관한 수익인식(IAS 11조, 18조, IFRIC 15조, SFRS 11조, 18조, INT FRS 115조)

부동산 개발 및 판매에 관한 수익인식에 대해서 IFRS/IAS는 소정의 요건을 충족한 경우에는 공사 완전성기준의 적용이 인정되지만 SFRS/INT SFRS는 부동산이 완성 전에 판매되는 시장특성을 고려하여 다른 방법(percentage-of-completion method)의 적용도 가능하다.

(3) 연결재무제표(IAS 27조, SFRS 27조)

싱가포르 회사가 자회사를 두고 있는 경우, 연결재무제표의 작성이 필요하다. 예외적으로 해당 싱가포르회사 모회사의 연결재무제표의 작성 및 공개 유무에 따라 연결재무제표의 작성이 면제될 수 있다. IFRS는 회사가 연결재무제표 작성을 면제받기 위해서는 그 회사의 모회사가 작성 및 공개하는 연결재무제표가 IFRS의 기준에 따라서 작성되어야 하지만, SFRS는 그 회사의 모회사가 작성 및 공개하는 연결재무제표가 반드시 IFRS 기준에 따라서 작성되지 않아도 된다.

(좀더 자세한 내용은 제7장 싱가포르의 회계의 제5절 연결결산이 필요한 경우의 감사 부분을 참고하기 바람.)

3. 결산서의 공개제도

1) 재무제표 공개의 개요

싱가포르 법인의 경우 휴면회사와 채무지불능력(Solvent)이 있는 사적면제회사(Exempt Private Company)를 제외한 모든 회사는 이사회 및 정기 주주총회의 승인을 받은 외부감사보고서 혹은 약식감사보고서를 회계연도 말 기준 7개월 이내에 ACRA에 제출할 의무가 있다.

또한 회사가 아닌 지사로서 싱가포르에서 비즈니스를 하는 외국회사도 지사의 감사보고서와 본사의 요약 재무제표를 ACRA에 제출해야 할 의무가 있다.

2) 공개정보 이용

ACRA에 제출된 재무제표는 SINGPASS를 이용하여 ACRA 웹사이트에서 구매 후 다운로드가 가능하다.

이는 회사가 ACRA에 등기한 재무제표는 누구에게나 공개되므로 이 재무제표를 통하여 거래선의 신용도 등의 조사목적으로 사용될 수 있으며, 동시에 제출된 싱가포르 지사의 본사 재무제표도 대중에게 공개된다는 사실도 주목할 만하다. 상장회사뿐만 아니라 모든 회사에게 투명성 높은 정보공개를 요구하는 것이 싱가포르의 특징이라고 할 수 있다.

4. 결산일의 결정

싱가포르 법인은 법인설립 진행 시 결산일도 함께 결정하여 ACRA에 보고해야 한다. 정부의 결산일 지정에 대한 규정이 없으므로 개별기업의 사정을 고려하여 결정하면 된다.

1) 모회사의 결산일

모회사가 IFRS의 도입을 검토하고 있는 경우(특히 상장사), IFRS는 연결결산 시 자회사의 결산일을 모회사와 일치하도록 조정하는 요구를 하고 있으므로 자회사의 설립 시점에 모회사와 결산일을 동일하게 결정하는 경우, 향후 조정의 불편함을 피할 수 있다.

한국의 많은 회사들이 결산일을 12월 말로 정하고 있으므로 싱가포르 자회사의 경우, 모회사와 같이 12월 말 결산을 진행하는 것이 업무상 편리하다. 개인주주의 회사에는 배당을 받는 시점으로 해당 소득의 한국에서의 개인종합소득세 신고 시점이 결정되므로 한국 내 개인종합소득세 신고기간과 배당 시점을 고려하여 결산일을 정하는 것도 고려해 볼 만하다.

2) 지사의 경우

지사의 경우에는 한국 본사와 구분하기 어려운 구조이므로 지사의 결산일을 본사의 결산일과 동일하게 결정하는 것이 좋다. 이에 싱가포르 지사의 결산일은 12월 말인 경우가 많다.

5. 연결결산의 여부

1) 총론

싱가포르는 국제적 기업들의 지역 허브기능이나 지역 총괄본부로서의 역할을 수행하고 있으며, 싱가포르 정부도 적극적으로 이러한 기능을 가진 기업들을 유치하는 데에 노력을 기울이고 있다.

싱가포르에 설립된 자회사를 통하여 다른 국가의 자회사(손자회사, 증손자회사)를 설립하는 사례가 많으므로 이러한 경우 싱가포르 법인이 연결결산 및 연결감사를 해야 하는 경우가 발생하게 된다.

싱가포르 법인이 연결결산이 필요할 경우 해당 연결재무제표에 대하여 회계 감사가 필요하다. 싱가포르 법인이 그 산하의 자회사(한국 기준으로는 손자회사)를 포함한 연결결산을 해야 할 필요가 있음에도 불구하고 연결결산을 행하지 않는다면 회계감사 시에 적정의견을 받을 수 없거나 중요도에 따라서는 한정의견, 의견거절을 받을 수도 있다. 싱가포르 법인이 개별 결산은 적정하게 하였더라도 회계기준에 근거하여 작성해야 할 연결재무제표를 작성하지 않은 경우에는 회계기준 위반 및 회사법 위반이 될 수 있다.

2) 연결재무제표 작성의 대상과 예외규정

싱가포르 법인이 산하의 자회사나 관련회사를 보유하고 있는 경우, 싱가포르 법인은 원칙상 연결재무제표를 작성해야 한다.

(1) 연결재무제표 대상회사

연결대상 여부를 판단함에 있어서는 중요한 기준은 싱가포르 법인이 직접 혹은 간접적으로 의결권의 과반수를 보유하고 있는지의 여부이다. 단 의결권의 과반수를 직접 또는 간접적으로 보유하고 있는 회사뿐만 아니라 주식이나 의결권의 보유비율이 과반수 미만의 경우에도 실질적으로 지배를 하고 있는 경우에는 자회사로 간주하여 연결대상에 포함해야 한다. (SFR 27조)

구체적으로 다음의 경우에는 의결권의 보유비율이 과반수 미만이더라도 지배력이 있다고 판단되어 자회사로 간주될 가능성이 크다.

- 다른 투자자와 합의에 따라서 의결권의 과반수를 차지할 수 있는 힘을 가진 경우
- 법률 혹은 합의에 따라서 재무 및 영업의 방침을 지배할 수 있는 힘을 가진 경우
- 이사회 혹은 동등한 힘을 가진 내부관리 조직의 구성원의 과반수 이상을 선임 또는 해임할 수 있는 힘을 가진 경우
- 이사회 혹은 동등한 힘을 가진 내부관리 조직의 회의에서 과반수 이상의 투표권을 지배할 수 있는 힘을 가진 경우

(2) 관련회사 및 합작회사(JOINT VENTURE)

자회사는 아니나 중요한 영향력을 행사할 수 있는 투자처는 관련회사에 해당

하여 자회사 유무와 상관없이 연결재무제표를 작성할 때 지분법을 적용해야만 한다. 또한 JV(조인트 벤처)의 경우에도 회계기준의 정의인 '공동지배'에 해당하는 경우에는 지분법을 적용할 필요가 있다.

(3) 연결재무제표 작성에 관한 예외

싱가포르 법인이 자회사, 관련회사를 보유하고 있는 상황에서 연결재무제표의 작성을 면제받는 경우는 다음의 모든 조건을 만족시키는 경우에 한한다.

- 회사(싱가포르 법인)가 다른 회사의 100% 자회사인 경우 또는 100% 자회사가 아니더라도 다른 회사의 자회사에 해당하고 의결권이 없는 소수 주주를 포함한 모든 주주가 연결재무제표의 작성하지 않는 것에 동의하는 경우
- 회사(싱가포르 법인)의 채권이나 자본성 증권(주식 등)이 공개시장에서 거래가 되지 않는 경우
- 회사(싱가포르 법인)가 공개시장에서 증권을 발행하기 위하여 증권거래위원회 또는 다른 규제기관에 재무제표를 등록하지 않은 상태이거나 등록할 의사가 없는 경우
- 최종적인 모회사가 연결재무제표(따라야 하는 회계기준에 대해서는 정하고 있지 않음)를 작성하고 일반 대중이 입수 가능한 경우

또한 아래의 조건을 만족하는 투자기업인 경우 연결재무제표 작성이 면제된다.

- 투자운용서비스의 제공을 목적으로 한 명 이상의 투자자들로부터 자금을 모집하는 회사
- 투자자들로부터 모집한 자금을 투자함으로써 발생하는 차익이나 수익의 회수를 목적으로만 운영되는 회사
- 투자자산을 공정가치로 평가하는 회사

* 투자회사가 아닌 자회사가 있는 경우, 해당 자회사는 연결재무제표 작성의 대상이 된다.

제2절 결산 시 유의사항

1. 결산 사전준비

결산을 진행하는 경우에는 사내에서 회계담당자가 있거나, 기장업무를 회계 사무소나 컨설팅 회사에 외주를 주더라도 사전에 결산준비가 필요하다. 즉 모회사나 본사의 지시, 혹은 감사의 법정기한과 결산완료와 감사보고서 작성 기한 등을 고려하여 결산일로부터 최소 2~3주 전에는 결산계획을 세우는 등 사전 준비를 진행해야 한다.

결산계획을 세운 후 제품 배송일정, 인보이스 발행을 반드시 기한 내에 끝낼 수 있도록 사내 관련부서에 통지하고, 거래처에게도 기한 내에 인보이스를 수령할 수 있도록 협조를 구하여야 한다. 이외에도 회계담당 부서와 타부서들 간의 미팅을 통해서 타 부서들이 사전에 준비해야 할 사항을 미리 알리는 것이 좋다. 회계 결산을 위해 입수된 자료들은 회계처리뿐만 아니라 감사에도 필요하므로 나중에 참조하기 쉽도록 정리, 보관하는 것이 중요하다.

처음 결산을 하는 경우나 외주업무를 내부수행으로 전환하는 경우, 기존에 없었던 신규 거래나 회계처리 방법을 도입하는 경우에는 결산이 기일에 맞춰서 마무리될 수 있도록 회계팀과 각 사업부분 등의 협의, 모니터링, 기존 외주업체와의 사전 협의, 감사인과의 사전 협의, 경우에 따라서는 모회사나 본사의 회계부서와의 지원 등을 통하여 사전에 대책을 수립해야 한다.

2. 결산 시 중요 쟁점

결산 시의 쟁점은 사업내용이나 규모, 업적 현황 등에 따라 많이 다를 수 있겠으나 싱가포르에서 일반적으로 결산시 쟁점이 될 수 있는 사항으로는 다음의 몇가지를 들 수 있다.

1) 주사용통화

기업의 사업활동에 있어서 주로 사용하는 통화를 말하며, 기업의 재무제표는 해당 통화로 표시되어야만 한다.(SFRS21)

즉 상품이나 서비스의 판매나 주요 지출, 또는 자금조달에 사용되는 통화를 고려하여 재무제표의 주사용통화(표시통화)를 결정하여야 한다.

싱가포르에서는 싱가포르 달러뿐 아니라 미국 달러, 일본 엔, 유로 등 다양한 통화로 거래가 이루어지는 경우가 많으므로 사업활동에 주로 사용하는 통화로 주사용통화를 결정하는 것이 좋다.

기업의 재무제표는 기업이 결정한 주사용통화로 표시되므로 결산도 주사용통화로 진행하여야 한다. 또한 사업환경이나 사업 업종의 변화로 주거래통화의 변화가 필요한 경우, 주사용통화의 변경도 가능하다.

2) 수익인식(매출 인식 시점)

수익인식에 대해서 싱가포르의 회계기준은 IFRS와 동일하며 물품의 판매에 관해서는 출하기준으로 매출을 인식하는 것이 인정되지 않는 경우도 있으므로 고객과의 계약조건이나 무역조건 등을 종합적으로 검토하여 결산일 근처에 출하한 제품에 대해서 결산 시에 인식하는 것이 가능한지를 사전에 확인해 두는 것이 중요하다.

서비스의 제공에 관한 수익인식에 대해서도 일률적으로 완료기준(서비스 제공 완료)으로 수익인식을 하는 것이 일반적이나, 진행기준을 적용하는 경우는 없는지 확인해 두는 것이 좋다.

3) 장기재고나 채권의 평가

회사의 실적이 계획과 차이가 날 경우에는 장기재고가 발생하거나 판매가격이 급격하게 하락하는 경우가 있다. 이런 경우에는 결산 시에 평가손실로 인식해야 하는 경우가 발생할 수 있다. 따라서 평상시보다 장기 재고가 많이 쌓일 것으로 예상되는 경우에는 장래의 판매 가능성을 사전에 검토해 두는 것이 좋다.

또한 자사의 실적과는 무관하게 고객으로부터 채권회수가 지연되는 경우에는 그 회수 가능성을 평가해야 한다. 특히 주요고객의 부도나 물품대의 결제가 늦어지는 경우 특히 주의해야 한다.

4) 고정자산이나 투자의 감손

자사의 실적이 악화되고 있는 경우에는 고정자산의 투자액을 회수하기 어려울 가능성이 있으므로 고정자산의 장부가치를 감손처리할 필요가 생길 수 있다. 따라서 감사 시에 향후의 사업계획, 손익계획을 요구받는 경우도 있고, 장래의 현실적인 예상에 따라 고정자산의 평가방법을 바꾸어야 하는 경우가 발생할 수 있으므로 자사의 실적악화 시에는 회계 감사인과 조기에 협의할 필요가 있다.

자사가 관계 회사(자회사, 관련회사 포함)에 투자를 한 경우 해당 합병이나 사업양수도 등이 진행된 경우에 발생한 영업권에 대하여 투자처의 실적에 따라서 상각에 의한 장부가치를 감액해야 하는 경우가 있다. 따라서 투자처의 실적 모니터링과 향후의 사업계획, 손익계획 등에 대해서도 결산 이전에 확인을 해두는 것이 좋다.

또한 장래계획에 따라서 재평가를 시행하는 경우에는 장래 현금흐름을 할인하는 방법으로 평가액을 산출하는 것이 일반적이므로 이런 산출방법에 대해서도 회계 감사인과 사전협의가 중요하다.

5) 감사보수, 기타 경비의 인식누락

감사보수는 해당 결산기에 그 결산기의 감사보수를 발생시켜서 비용처리를 하여야 한다. 이는 감사가 실시되는 것은 결산일 이후지만 해당 결산기를 대상으로 감사를 진행하기 때문이다.

이외에도 인보이스의 수령이 늦어지는 경우에 결산일까지 발생 비용의 인식이 누락되는 경우가 없도록 매월 발생하는 비용을 파악하고 결산에 가까운 월에 계약한 지출항목 등에 대해서는 결산 전에 미리 확인해두는 것이 중요하다.

제3절 감사제도

1. 감사란

결산을 완료하면 회계 감사인은 해당 결산내용을 감사하게 된다. 여기서 말하는 결산내용이라 함은 시산표(Trial Balance)나 임시 재무제표가 해당된다. 이를 기반으로 하여 재무상태표와 손익계산서와 같은 결산서가 작성되고 다른 보충자료(주석) 등과 함께 ACRA에 제출하는 감사보고서가 작성된다.

회계감사는 결산서상 내용의 정확성 유무를 검증하기 위하여 다양한 절차를 거치게 된다. 회계감사에서 결산서 내용의 검증은 1달러, 1원 단위의 정확성을 검증하는 것이 아니라 재무제표가 전체적으로 적정한가, 즉 재무제표가 중요한 오류없이 적정한 실적과 재정 상태를 나타내고 있는가를 검증하고 이를 회계 감사인이 보증을 하는 것이 감사제도의 본래의 목적이라고 할 수 있다. 따라서 재무제표에 첨부되는 감사보고서는 재무제표가 적정하게 작성되었는지를 확인해 주는 것으로 감사보고서에는 회사와 회계 감사인의 책임이나 재무제표에 중대한 오류가 있었는지 명기하게 된다.

재무제표가 전체적으로 적정한가를 검토하기 위하여 먼저 회계 감사인은 감사상의 중요성이라는 개념을 적용하게 된다. 감사 절차를 수행하는 범위를 결정하고 허용 가능한 오류의 최대한도를 설정한 후 감사를 진행하는 것이 일반적이다.

2. 경영자의 책임과 회계 감사인의 책임

회계감사는 '이중책임의 원칙'을 전제로 성립된다고 할 수 있다. 즉 결산을 진행하고 재무제표를 작성하는 것은 경리업무의 아웃소싱 여부와 관계없이 최종적으로 경영자에게 책임이 있으며, 회계 감사인의 책임은 해당 재무제표를 감사하고 감사의견을 표명하는 것이다.

싱가포르 법인의 책임자나 담당자가 싱가포르의 세무업무를 정확히 이해하지 못하는 경우, 감사진행 시 한국회계사나 컨설팅회사에서 회사와 싱가포르 회계사와의 중간에서 양쪽의 입장을 이해하고 조정해 주는 역할을 하게 된다.

3. 회계감사의 면제

회계감사란 경영자의 책임하에 회사가 작성한 재무제표 등이 적정한지를 회계 감사인이 확인하고 보증하는 것이다. 보증은 재무제표에 첨부된 '독립감사인의 감사 보고서(Independent Auditor's Report)'에 감사의견을 표시하는 것을 통하여 이루어진다.

싱가포르 법인은 회사법에 따라서 모든 회사는 회계감사(법정감사)를 받아야 하며(회사법 199조, 207 조 등) 또한 외국 법인의 지사의 경우에도 회계감사를 받아야 하는 의무가 있다.(회사법 373조)

예외로서 다음에 해당하는 회사는 회계감사가 면제된다.

- 회사가 휴면회사인 경우
- 'Small Company'의 조건(1)을 충족하는 일반 기업은 감사받은 재무제표를 작성할 의무가 없다.

(1) 다음 조건을 충족하는 법인은 'Small Company'에 해당한다.

- 2015년 7월 1일 이후에 시작하는 회계 연도를 갖는 사적 기업일 것
- 직전 두 회계연도 동안 다음의 3개의 조건 중 2개 이상을 충족할 것
- 모회사와 자회사가 있는 경우, 직전 두 회계연도 동안 모회사와 자회사를 포함한 수치가 아래 3개의 조건 중 2개 이상을 충족시킬 것

  * 총 연간 소득 ≤ SGD10M
  * 총 자산 ≤ SGD10M
  * 직원 수 ≤ 50명

4. 휴면회사

1) 의미

회사가 회계연도에 있어서 회계거래가 전혀 발생하지 않은 경우에는 휴면회사로 간주할 수 있다. (회사법 205조B)

회계기간에 회계적으로 인식될 만한 거래가 없고, 매출이 없는 회사를 의미한다. 다만 은행 구좌가 있을 경우, 은행 수수료의 발생은 휴면상태(dormant status)에

영향을 주지 않는다.

아울러 다음 지출의 경우도 휴면상태에 영향을 주지 않는다.

(1) 간사 임명 관련 비용

(2) 감사인 임명 관련 비용

(3) ACRA 등재 비용, 벌금

(4) 기장비용, 법인서류(비서역 서류) 관리 비용

(5) 등록사무실 유지비용

2) ACRA 보고 관련(기업청)

- 휴면회사라도 재무제표 없이 Annual Return을 제출해야 한다.
- 다만 감사 의무대상일지라도, 휴면상태에서는 감사를 진행하지 않아도 된다.
- 또한 AGM을 개최할 필요는 없다.

3) IRAS 보고 관련(국세청)

- 휴면회사라도 IRAS로부터 면제 승인을 받지 않은 경우, 법인소득세 신고서(Form C)를 제출해야 한다.
- 두 번째 해부터는 매출이 없고 휴면상태가 지속되는 경우, 법인세 신고를 하지 않아도 된다. 단 휴면상태를 유지하고 부동산, 주식, 정기예금 등의 투자를 보유하지 않고 있어야 한다.
- 다만 매출이나 거래가 다시 발생할 예정인 경우, 국세청에 거래 발생일로부터 1개월 이내에 보고를 해야 한다.
- GST 등록업체인 경우, 휴면상태 신고 전 GST등록 취소를 선행해야 한다.

4) XBRL 관련 (eXtensible Business Reporting Language)

- 법인주주를 가지고 있거나 insolvent(채무를 갚을 능력이 없는 상태)인 경우, 진행해야

하는 XBRL은 휴면상태라도 상기 두 조건 중 하나에 해당한다면 계속 진행해야 한다.

- XBRL은 재무제표를 기업청에 보고하기 위하여 일정 형식으로 변환하는 절차를 말한다.

5. 감사인의 선임, 변경

회사의 이사는 면제대상에 해당되지 않는다면 회사 설립 후 3개월 이내에 회계감사인을 선임하여야 한다.(회사법 205조, 단 벌칙은 없음)

한편 감사인의 변경의 경우에는 신규 설립 시 선임절차에 더해서 다음 절차가 필요하다.

- 신임 감사인에 대해서 선임 통지서를 송부하기 전에 현재의 회계 감사인에 사임의뢰 통지(Resignation Letter)를 발행
- 신임 감사인은 전임 감사인에게 감사인 선임에 관한 문제가 없는가를 확인해야 함(Clearance Letter)

감사인 선임에 있어서 일반적으로 검토해야 할 사항은 다음과 같다.

- 감사인의 규모와 전문성
- 감사 및 감사 대응의 품질
- 한국인 회계사(감사 경험자)가 있는가 (한국인 회계사의 개입이 반드시 필요한 경우)
- 상기 내용과 감사 비용의 밸런스

6 . 감사보고서 작성의 기한

싱가포르 회사법에 따라 결산일로부터 6개월 이내 혹은 정기주주총회(Annual General Meeting 이하 AGM)의 개최 전에 결산서를 작성하여, 정기주주총회에서 결산서의 승인을 결정하여야 한다. 따라서 감사보고서는 정기주주총회의 개최기한과 그 통지기간을 고려하여 작성이 완료되어야 한다.

참고로 정기주주총회 개최기한과 통지기간은 아래와 같다.

1) 상장사인 경우

회계연도 말일 기준 4개월 이내에 정기주주총회를 개최하고, 5개월 이내에 ACRA에 연차보고서를 제출하여야 한다. 참고로 주주총회의 소집통기기간은 최소 3주이다.

2) 비상장사인경우(사적면제회사의 경우)

회계연도 말일 기준 6개월 이내에 정기주주총회를 개최하고, 7개월 이내에 ACRA에 연차보고를 진행한다. 참고로 주주총회의 소집통기기간은 최소 2주이다.

또한 법인이 상기 기한에 맞추지 못할 경우에는 최대 2개월까지 연장신청이 가능하며 신청비는 SGD200이다. 일반적으로 연장신청은 관리회사가 대행한다.

3) 지사의 경우

지사의 경우에는 감사가 완료된 보고서의 ACRA에 제출기한은 본사의 주주총회일로부터 2개월 이내이다. 또한 지사의 경우에는 본사의 결산서(본사, 지사 합산후)의 영어 번역본도 함께 제출하여야 한다.

4) 본사로의 보고기한

위에서 서술한 바와 같이, 감사보고서 작성 기한은 결산일로부터 5개월 가량의 여유가 있는 일정이지만 본사가 싱가포르의 자회사를 포함한 연결결산을 진행하는 경우에는 본사의 결산 일정의 확인이 필요가 있다.

본사에서 연결결산을 진행하는 경우, 본사의 방침이나 싱가포르 자회사의 규모 등에 따라서 연결결산에 포함되지 않거나 조기에 결산내용를 요구하지 않는다 하더라고 본사에 제출한 싱가포르 자회사의 결산내용이 이후 감사보고서 작성 시 내용이 변경되지 않도록 본사에서의 연결결산과 싱가포르 자회사의 감사보고서 작성의 시점을 사전에 확인해 두는 것이 좋다.

제4절 감사보고서 작성의 진행

1. 감사 절차의 개요

감사 절차는 단순히 회계전표나 분개와 증빙자료(인보이스, 전표, 영수증 등)를 대조하여 확인하는 것뿐 아니라 회사(경영진)의 회계처리에 관한 판단의 타당성을 확인하게 된다. 예를 들어 보유하고 있는 재고가 장기간에 걸쳐서 남아 있어서 악성재고가 된 경우 회사는 소정의 룰에 따라서 해당 재고자산을 평가손실로 처리를 해야 하나, 어떠한 이유로 재고자산 재평가를 하지 않았을 경우 회계 감사인은 그 배경과 근거를 상세하게 확인하게 된다. 이로 인하여 회사의 책임자와 회계 감사인이 직접 인터뷰를 하는 경우도 있다.

따라서 회계 감사인이 요청한 전표나 증빙자료를 적시에 제출하는 것, 회계 감사인이 요청한 설명이나 판단의 근거를 명확하게 설명하는 것은 감사의 원활한 진행을 위하여 중요하므로 문제가 예상되는 경우, 사전에 감사인과 협의를 하는 것이 좋다.

2. 감사 시에 준비해야 할 서류

회사는 감사의 일환으로서 감사인으로부터 많은 서류의 작성이나 서명을 요청받게 된다. 감사인(감사법인)에 따라서는 감사인이 서류를 작성해 주는 경우도 있으나 내용 확인과 서명은 회사가 직접 해야 하므로 어떠한 서류들이 필요한지 전체적으로 파악해 두면 유용하다.

1) 잔고 확인서(Confirmation Letter)

- 은행잔고 확인: 감사인은 모든 거래은행에 법인계좌의 잔고, 대출, 담보설정 등을 확인하기 위하여 감사인이 직접 은행에 확인서를 발송하여 회신을 받는 것에 동의하는 승인서(Authorization letter)에 회사가 서명하여 감사인에게 전달하게 된다.
- 관계회사 확인: 관계회사와의 거래액이나 기말시점의 채권/채무 잔액은 모두 확인서를 통하여 확인할 필요가 있다. 회사로부터 동의서명을 받아 감사인이 직접 관계회사에 확인서를 발송하며 관계회사의 책임자는 내용을 확인한 후 내용이 상이한 경우 수정 후 서명하여 감사인에게 송부한다.
- 기타 거래선 확인: 감사인은 필요에 따라서 특정 잔고(외상매출금, 외상매입금, 선수금, 선납금 등)에 대해서 외부의 거래처에게 확인서를 통하여 확인해 줄 것을 요청할 수 있다.

위의 감사절차를 이행하지 않는 경우 감사보고서상에 적정의견을 받을 수 없는 경우가 발생할 수 있으므로 감사인이 감사를 위하여 필요하다고 요청한 사항에 대해서는 적절하게 대응하는 것이 중요하다.

2) 각종 신고서 및 확인서(Declaration letters and confirmation)

싱가포르의 감사인은 실무적으로 회사의 이사에 대해서 다음과 같은 각종 서류에 서명을 요구한다.

- 이사의 이해관계에 관한 신고서(Declaration of Director's Interest): 싱가포르 법인의 이사가 직접 혹은 간접적으로 보유하는 자사 및 관계회사의 주식, 스톡옵션 및 채권, 채무 등은 공개 대상이 되므로 서면을 통한 신고가 필요하다.
- 이사의 보수에 관한 확인서(Statement of Compensation for Directors): 이사의 보수는 총액으로 공개되므로 서면으로 확인이 필요하다.
- 관련회사와의 거래에 관한 확인서(Statement of Related Party Transactions): 관계회사 뿐만 아니라 그외에 관련 당사자와의 거래는 재무제표에 있어서 공개대상이 되므로 서면상으로 확인이 필요하다. 관련 당사자에는 이사, 이사의 가족이 개인적으로 소유하고 있는 회사 등이 해당된다.
- 우발 채무에 관한 확인서(Statement of Contingent Liabilities): 재무 상태에 영향을 줄 수 있는 우발채무가 있는가를 확인하기 위하여 필요한 절차이다. 우발채무는 장래에 채무가 될 가능성이 있으나 결산시점에는 재무상태표상에 인식되어 있지 않는 것을 의미한다. 예를 들면 타사나 타인의 지급보증, 확정되지 않은 손해배상의무 등이 해당된다.
- 후속 사건에 관한 확인서(Statement of Subsequent Events): 재무제표에 별도로 표기해야 할 중요한 후속 사건이 없는지를 확인하는 절차이다. 후속 사건은 결산일 이후에 발생한 사건으로 다음 회계연도에 재정상태, 실적 등에 중요한 영향을 미칠 사건을 의미한다. 예를 들면 결산일 이후에 증자 혹은 감자, 합병, 매수, 주요 고객의 상실, 중요한 설비투자 등이 해당된다.
- 회의록 및 의결 사항에 관한 확인서(Statement of Minutes and Resolution): 해당 결산기간 내에 개최된 주주총회 및 이사회 회의록 또는 의결서가 누락되지 않고 감사인에게 제공되었는지를 확인하기 위한 절차이다.

이외에도 감사인이 필요하다고 인식하는 경우에는 서면을 통한 확인을 경영자(이사)에게 요구할 수 있다.

3) 이사 보고서 및 이사 신고서

싱가포르 회사법에 따라서 이사의 서명이 필요한 것이며, 감사 완료된 재무제표와 함께 준비하여 ACRA에 제출해야 한다. 이사 보고서에는 이사와 회사의 이해관계 등을 기재하며, 이사 신고서에는 재무제표가 적정하게 작성되었다는 것과 결산일 시점에 회사 채무의 지불 능력이 있다는 것을 기재한다.

4) 대표 확인서(Letter of representation)

감사인이 감사보고서를 제출하는 것을 전제로 감사보고서의 교부일에 경영자가 서명하게 된다. 이는 재무제표의 작성과 그 감사에 관하여 경영자와 감사인의 책임을 명확하게 하고 감사인에 대해서 모든 자료가 제공되었음을 표명한다. 또한 그외에 감사의 전제로서 중요한 사항이나 공개, 회계처리에 관한 중요한 경영자의 판단사항 등을 기재한다. 해당 자료는 감사인에게만 제출되는 자료로 외부에 공개되지는 않는다.

제5절 연결결산이 필요한 경우의 감사

1. 싱가포르 법인(모기업)이 자회사를 두는 경우

1) 일반적인 사항

싱가포르에서 연결결산이 필요한 경우, 즉 싱가포르 법인이 모회사가 되는 경우 싱가포르 법인 뿐만 아니라 자회사의 결산도 적시에 이루어져야 한다. 즉 싱가포르에서의 연결결산 및 감사가 필요한 경우에는 싱가포르 법인 단독결산 뿐 아니라 연결결산도 포함하여 결산을 진행하고 단독 재무제표 및 연결재무제표의 감사를 받아 제출기일까지 ACRA에 재무제표를 제출하여야 한다.

또한 IFRS와 동일하게 싱가포르 회계기준에 있어서도 싱가포르 법인과 그 자회사의 결산일 간에 차이가 있을 경우에는 모회사의 결산일에 맞춰서 자회사의 가결산을 진행하여 대응할 필요가 있다. 따라서 이후 싱가포르 법인이 자회사를 만드는 경우에는 싱가포르 법인에서의 연결결산 및 감사가 필요한 경우에는 자회사의 결산일과 일치시키는 것이 적절하다.

자회사의 결산이 늦어지면 연결결산이 늦어지게 되고, 싱가포르의 법정 감사 및 주주총회 기일에도 영향을 미치게 되므로 주의가 필요하다.

일반적으로 연결감사는 다음과 같은 절차가 포함되어 진행된다.

- 연결 결산처리(싱가포르 법인과 자회사의 재무 수치를 합산하고 내부거래를 제거하는 등의 연결조정)를 검증
- 자회사 단독 재무제표의 감사
- 연결재무제표의 중요성을 기준으로 필요한 각종 정보를 자회사로부터 수집하여 검증

2) 자회사의 감사 진행 유무

싱가포르 법인이 작성하는 연결재무제표에는 싱가포르 법인의 재무제표와 그 자회사의 재무제표가 포함되어 있으므로 싱가포르 법인뿐만 아니라 그 자회사의 재무제표도 감사를 받아야 한다. 연결재무제표의 재무 수치에서 자회사의 재무 수치의 비중이 미미할 경우에는 감사를 받지 않은 자회사의 재무제표를 연결하는 것이 인정되는 경우도 있다. 단 연결 감사에 있어 자회사의 감사

의 필요성에 대해서는 감사인이 판단하는 것이므로 사전에 감사인과 협의를 해야 한다.

- 감사대상

자회사에 대한 감사는 자회사의 법정 감사가 아니라 연결패키지에 대한 감사를 의미한다. 연결패키지라 함은 모회사의 연결결산을 위해서 자회사에서 필요한 재무정보(재무상태표, 손익 계산에 한정되지 않음)를 취득하기 위한 일정한 자료 포맷을 말한다. 이 정보가 연결결산에 이용되므로 모회사의 감사인은 자회사의 감사인에게 연결패키지의 감사를 의뢰하게 된다. 모회사의 감사인은 자회사의 감사인에게 감사지시서(Audit Instruction)를 송부하고 법정감사와는 다르게 해당 연결패키지를 대상으로 한 감사를 진행하게 된다.

자회사의 소재국가의 회계기준과 모회사의 소재국가의 회계기준에 차이가 없는 경우, 실질적으로 법정 감사대상이 되는 재무제표와 연결패키지에 포함된 각종 재무수치에 차이가 없으나 모회사의 감사인은 연결재무제표 전체의 감사에 대해서 책임을 지게 되므로 자회사의 법정감사와 별도로 연결패키지의 감사를 자회사의 감사인에게 의뢰하게 된다.

연결감사의 일환으로서의 자회사의 감사는 자회사의 해당국의 법규에 따라 진행된 법정감사와는 목적이 다르므로 자회사 법정감사와는 별도로 감사를 진행하게 된다. 이는 모회사의 연결 결산 및 감사를 위하여 모회사에 제공하는 재무정보를 감사대상으로 삼는 것이기 때문이다.

- 법정감사와 연결패키지 감사간의 관계

법정감사는 각 소재국가의 법규에 따라서 감사의 필요 유무가 결정된다. 연결패키지의 감사는 모회사의 연결재무제표 감사를 위해 모회사의 감사인이 원하는 것이나. 따라서 각국의 제도를 고려하고 모회사 감사인으로부터의 의뢰가 있는지에 따라 자회사에 대한 법정감사와 연결패키지감사의 조합이 달라진다.

- 싱가포르 법인(모회사)의 자회사가 한국에 있는 경우

싱가포르에 설립된 법인의 자회사가 한국에 있는 경우, 혹은 해외에서 사업을 전개하면서 구조상 싱가포르에 설립된 중간 지주회사를 한국법인의 모회사로 하는 경우에는 주의할 점이 있다. 한국의 경우 법정감사 의무가 있는 회사는 상장사이거나 일정 규모 이상의 회사로 한정되어 있으므로 한국에서는 법정감사가 필요없으나 싱가포르의 모회사의 법정감사 목적으로 한국 자회사에 대한 감사가 필요한 경우가 있다. 이 경우 싱가포르 법인의 감사인은 주로 영어로 자회사의 감사인에게 감사를 의뢰하게 되므로 영어로 대응이 가능한 감사인 혹은 감사법인을 선정하는 것이 원활한 업무에 도움이 된다.

2. 한국 법인(모회사)가 싱가포르 법인을 자회사로 두는 경우

1) 일반적인 사항

한국 회사(모회사)가 싱가포르에 자회사를 보유하고 있는 경우, 해당 자회사는 한국에서 연결대상이 되는지에 따라서 싱가포르 자회사의 결산 대응이 변화할 수 있다.

2) 연결대상인 경우

한국 모회사가 싱가포르 자회사를 연결대상으로 하는 경우, 싱가포르 자회사는 모회사의 결산에 맞추어 결산수치 및 기타 필요 정보를 모회사에 제출해야 한다.

한국 모회사와 싱가포르 자회사 간에 결산일에 차이가 있는 경우에는 비교적

여유있게 대응이 가능하지만, 그 경우에도 싱가포르 자회사의 법정결산의 기한인 결산일로부터 6개월보다도 빠른 결산 진행이 필요하다.

한편 싱가포르 자회사와 한국 모회사 간의 결산일이 동일한 경우, 가능한 빨리 자회사 결산을 완료하고 모회사에 보고를 하여야 하므로 일정이 더욱 빠듯하다.

3) 연결대상이면서 연결패키지 감사 대상인 경우

단순히 연결결산만 진행하는 경우와는 달리, 한국 모회사의 감사인이 싱가포르 자회사의 결산에 대해서 연결패키지의 감사를 원하는 경우도 있다. 이는 모회사의 감사인이 모회사의 연결재무제표에 있어서 싱가포르 자회사의 재무적인 중요성을 높다고 판단한 경우에 해당되나 이 경우 모회사의 감사인은 자회사의 감사인에게 감사 지시서(Audit Instruction)를 송부하고 연결패키지의 감사를 기한 내에 마치고 모회사의 감사인에게 보고할 것을 요청하게 된다.

이 경우 싱가포르 자회사는 결산을 마친 다음 모회사에 보고하는 것뿐만 아니라 법정감사와는 별개로 연결패키지의 감사를 감사인에게 의뢰를 해야 한다. 연결패키지의 감사의 기한은 법정감사보다도 짧게 잡히는 경우가 많으므로 결산을 완료한 후 감사 대응을 포함한 스케줄 조정이 필요하다.

싱가포르인 경리직원을 채용하였으나 회계 비경험자인 **성(星)차장**이 모든 업무를 관장하기가 어려울 것으로 생각하고 초기에는 컨설팅 회사의 도움을 받아서 한국 본사의 회계팀과 함께 사내 회계의 기반을 잡기로 하였다. 회계지식이 없으면 회사의 운영과 관리가 어렵다는 주위의 조언에 따라서 성차장은 회계원리 책을 구하여 회계의 기초를 다지기 시작하였다.

chapter 8
싱가포르 세금

매달 경리직원이 전표를 정리하여 컨설팅 회사에 보내주면 임시 재무제표를 만들어 주고 이를 **성(星) 차장**이 검토하고 한국 본사의 해외 관리팀의 회계 부서에서 보고하는 형식으로 회계 관리를 하고있다. 컨설팅회사에서는 이제 세무보고를 준비하여야 한다고 연락을 주었다. 한국에서와 같이 세무보고를 진행하기 위하여 싱가포르의 세금과 관련된 제도에 대한 공부를 시작하게 되었다.

싱가포르 세금

싱가포르 법인과 관련된 주요 세금은 소득세(Income Tax), 소비세(Goods and Services Tax, 한국의 부가가치세), 인지세(Stamp Duty) 등을 들 수 있다. 이번 장에서는 각 세금에 대해서 설명을 하고자 한다. 싱가포르의 세무당국은 IRAS(Inland Revenue Authority of Singapore, 통칭 아이라스)이다.

- 소득세(Income Tax)

  싱가포르 법인의 이익에 대하여 과세되는 세금으로 가장 비중이 높다고 할 수 있다.

  싱가포르의 소득세법은 한국의 법인세, 개인소득세를 합쳐서 Income Tax Act에서 규정하고 있다. 기본 과세의 개념은 법인과 개인이 동일하지만, 법인과 개인의 적용이 다른 경우에는 소득세법에서 적용의 범위를 밝히고 있다. 단 이 책에서는 이해를 돕기 위해 법인에 관한 부분은 법인세, 개인에 관한 부분은 개인 소득세로 구분하여 설명한다.

- 소비세(Goods and Services Tax)

  GST(Goods and Services Tax)는 한국에서 부가가치세와 유사한 소비세이다. Goods and Services Tax Act라는 법률로 GST의 과세 대상 거래 및 계산방법, 수속절차 등이 정해져 있다. 기본적인 계산방식은 부가가치세와 유사하며 싱가포르 국내에서의 상품판매나 서비스 제공에 대해서 과세되며, 싱가포르 국외에서 제공된 서비스 등에 대해서는 영세율의 적용을 받는다.

- 인지세(Stamp Duty)

인지세는 한국에도 있지만 현재 싱가포르에서 인지세의 과세대상이 되는 문서는 크게 나누어보면 부동산 관련과 주식 관련의 두 종류로 볼 수 있다. 참고로 양도소득세는 존재하지 않는다.

싱가포르가 한국과 비교하여 가장 큰 세무상 차이

싱가포르는 법인의 배당 시 혹은 양도, 상속 시 세금을 면제하고 있다. 이는 회사의 소득에 대하여 이미 세금을 납부하였으므로 배당 시와 상속 시에 다시 과세한다는 것은 동일한 소득에 대하여 반복해서 과세한다는 인식에 기인하며 홍콩과 싱가포르 모두 배당세, 양도세, 상속세를 면제하고 있다(One-Tier 시스템). 또한 자본소득(Capital Gain)과 역외소득(Offshore Income)이 인정되는 경우 해당 소득에 대한 세금을 면제 받을 수 있으므로 세무전문가와 협의하여 세금혜택을 받는 것이 좋다.

제1절 법인세

1. 개요

1) 거주 법인과 비거주 법인

싱가포르의 회사는 세법상 거주 법인(Resident)과 비거주 법인(Non-resident)으로 구분되며 싱가포르에 설립등기된 법인이 반드시 세무 상의 거주 법인(Resident)이 되는 것은 아니다. 거주 법인인가 비거주 법인인가의 구분은 법인의 경영상의 지휘와 관리(Control and Management)가 싱가포르에서 이루어지는가 아닌가에 따라서 결정된다. 실무적으로는 이사회 등의 사업상 중요한 의사결정이 싱가포르에서 이루어지는지 여부, 사무실의 운영유무, 직원의 고용유무 등이 중요한 판단기준이 된다.

또한 비거주 법인으로 인정되는 경우 다음과 같이 세무상의 우대조치를 받을 수 없다.

- 조세조약의 적용대상 제외
- 국외 원천 소득에 대한 면세적용대상 제외
- 외국세액공제 불가능

2) 정부부과 과세제도와 부과연도(Year of Assessment, YA)

한국의 경우 납세자 자신이 신고한 금액이 확정액이 되어, 납세자는 자신의 신고액에 기반하여 납세를 하게 되는 자기부과 납세제도를 채용하고 있다. 이 신고액에 오류가 있는지 없는지는 세무조사를 통하여 세무당국의 확인이 이루어지고, 오류가 있을 경우에는 수정신고나 경정청구를 통하여 시정하게 된다. 이에 반하여 싱가포르에서는 납세자가 소득을 신고하고 세무당국이 이를 기초로 하여 과세액을 결정하여 납세자에게 통지하는 정부부과 과세제도를 채용하고 있다. 싱가포르는 세무당국이 세액을 확정하고 있으므로, 세무조사의 경우 한국에 비교할 때 상대적으로 엄격하다고 할 수 없다.

또한 싱가포르에서는 세무상의 연도를 인식할 때 부과연도(Year of Assessment, 속칭 YA)라는 단어를 사용하고 있다. 부과연도는 세무당국이 세금 부과결정을 하는 연도이므로 일반적으로 회계연도의 다음 해가 부과연도가 된다. 예를들어 2017년 중에 종료하는 회계연도는 세무상 2018년이 부과연도(YA2018)가 된다.

3) 신고 및 납세

법인은 결산일로부터 3개월 이내에 예정신고(Estimated Chargeable Income, ECI)를 진행하고 부과년도에 확정신고를 진행하게 된다. 절차는 납세자(혹은 세무 대리인)이 IRAS에 세무 신고서를 제출하고, IRAS는 그 세무 신고서의 타당성을 확인하고, 문제가 없으면 부과 통지서(Notice of Assessment, 속칭 NOA)를 발행한다. 납세자는 NOA에 기재된 세액을 NOA 발행으로부터 1개월 이내에 납부하게 된다.

납세자	결산일로부터 3개월 이내에 ECI 신고
↓	
IRAS	ECI에 근거하여 부과 통지서를 발행(통상 1개월 이내)
↓	
납세자	부과 통지서를 수령 후 1개월 이내에 납세(분할 납부 가능)
↓	
납세자	확정신고를 부과연도의 11월 30일까지 제출
↓	
IRAS	ECI와 확정신고의 차액에 대해서 부과통지를 발행
↓	
납세자	부과통지에 근거하여 차액을 납부하거나 환급을 받게 됨

구체적으로 12월 결산과 3월 결산의 경우를 예로 들어 본다. 싱가포르의 확정신고는 매우 기간이 긴 편이다. 특히 3월 결산의 경우에는 다음연도 11월 말이 확정신고 기한이 되므로 결산일로부터 20개월 후가 확정 신고기한이 된다. 물론 기한보다 빨리 신고서를 제출하는 것은 문제가 되지 않는다.

회계결산일	예정신고	확정신고
2019년 3월 말 결산	2019년 6월 말까지	YA2020년 11월 30일
2019년 12월 말 결산	2020년 3월 말까지	YA2020년 11월 30일까지

* 인터넷을 통하여 확정신고를 하는 경우, 매년 12월 15일까지 15일 연장됨

또한 회계연도 기간 중 영업활동이 없으며 투자자산을 보유하고 있지 않은 휴면회사인 경우에는 법인세 신고의 면제를 신청할 수 있다.

4) 세무조사

조사관이 사무실을 방문하여 회계서류를 열람하는 경우는 거의 없으며, 대부분의 경우 레터로 질문과 답변을 주고 받으며 진행한다. 또한 필요할 경우에는 IRAS에서 인터뷰도 가능하다. 실무적으로는 레터의 작성이나 인터뷰 시 설명은 세무대리인이 대응하는 경우가 많다.

부과제척기간(과세관청이 과세 부과처분을 할 수 있는 기간)은 부과연도 종료일부터 4년 간이지만 의도적으로 탈세를 한 것으로 판단되는 경우는 기한과 관계없이 조사를 진행할 수 있다.

5) 연체, 벌금

- 예정신고가 지연된 경우

예정신고(ECI)를 누락한 경우에는 IRAS가 추정과세한 금액으로 NOA를 송부한다. 이 통지받은 세액에 불복을 하더라도 NOA가 발행되고 1개월 이내에 일단 통지받은 세액을 납부해야만 한다. 게다가 지연금도 부과된다. 매출이 SGD5,000,000 이하이면서 과세소득이 없는 경우에는 예정신고가 면제되었으나 YA 2020부터는 모든 회사가 ECI 신고를 하여야 한다.

- 확정신고가 지연된 경우

확정신고를 기한 내(결산일의 다음연도 11월 말)에 제출하지 않을 경우에는 IRAS가 추정과세를 하게 되고 해당 추정과세에 근거한 납세의무가 발생함과 동시에 벌금도 발생하게 된다. 또한 특별한 이유 없이 장기간에 걸쳐서 신고가 지연되는 경우 회사의 이사가 법원에 소환을 당하는 등의 제재를 받을 수 있다.

- 과소신고

과소신고나 탈세에 대하여 축소한 금액과 고의성 등을 감안하여 100%에서 400%까지 가산세를 부과한다. 또한 경우에 따라서는 벌금이나 금고형이 부과될 가능성도 있다.

- 납부지연

납부기한을 지나면 우선 납세액의 5%의 벌금이 발생한다. 추가로 연체기간이 1개월 경과함에 따라서 납세액의 1%가 벌금으로 가산된다. 매월 1%의 벌금은 최대 15%까지만 증가하므로 최초의 5%와 합산하여 계산한다면 최대 납세액의 20%의 벌금이 부과된다고 할 수 있다.

2. 과세소득

1) 과세대상 소득

싱가포르 소득세법은 과세대상 소득에 대하여 다음과 같이 정의하고 있다. (Income tax act 10(1))

- gains or profits from any trade, business, profession or vocation, for whatever period of time such trade, business, profession or vocation may have been carried on or exercised
- gains or profits from any employment
- dividends, interest or discounts
- any pension, charge or annuity
- rents, royalties, premiums and any other profits arising from property
- any gains or profits of an income nature not falling within any of the preceding paragraphs

여기서 과세대상 소득인지 여부를 결정하는 중요한 조건은 '소득의 원천지'와 '소득의 성질(자본거래와 손익거래)'이다. 이 두 가지 정의는 싱가포르의 모든 소득과세의 근본이 되는 개념이므로 우선 개념적으로 정리를 해두는 것이 좋다.

(1) 소득의 원천지

한국의 경우 거주지주의에 의한 과세제도를 가지고 있으나, 싱가포르는 한국과는 달리 원천지주의에 의한 과세제도를 가지고 있다. 따라서 한국의 경우 거주자의 국외 원천소득에 대하여 과세 권한을 가지나 싱가포르의 경우 국내원천소득과 싱가포르에 송금된 국외원천소득에 한정한다.

위에 해당되는 소득에 대해서만 과세하므로 국외에서 발생하고 싱가포르로 송금되지 않는 소득은 싱가포르에서는 과세하지 않게 된다. 예를 들자면 싱가포르 법인에서 파견된 컨설턴트가 말레이시아에서 서비스를 제공하는 경우 이 싱가포르 법인명의의 말레이시아의 은행계좌에 그 서비스 비용이 입금되는 경우에는 싱가포르에서 이 소득에 대해서는 과세를 하지 않는다. 단 서비스 비용이 싱가포르의 은행계좌로 입금되는 경우에는 '국외 원천소득으로 싱가포르로 송금된 것'으로 싱가포르에서 과세하게 된다.

상기 원칙에 더하여 2003년 6월 1일 이후에 다음의 요건을 모두 충족하는 국외 원천소득에 대하여 싱가포르로 송금되더라도 면세로 인정하고 있다.

- 배당금, 지사의 이익, 국외원천의 서비스 수입
- 소득이 발생한 국가의 최고 법인세율이 15% 이상
  (실제로 15% 과세 당하지 않아도 상관없으며, 최고세율로만 판정)
- 원천지 국가에서 과세받았을 것
- 싱가포르 거주법인이 실질적으로 수령하는 이익일 것

(2) 소득의 성질(자본거래와 손익거래)

소득의 성질에서 과세대상 소득으로 특별히 규정되지 않는 한 자본거래를 통한 소득은 모두 비과세소득으로 인정된다. 단 반드시 유의해야 할 점은 자본거래와 손익거래의 구분이다. 법률상으로 이를 명확하게 구분하고 있지 않으며, 판례 상으로도 여러가지 쟁점이 있다.

또한 자본거래에 해당되는 경우, 그 수익은 과세되지 않으며 손실이나 손금도 공제가 불가능하다.

자본거래와 손익거래를 구분하기 위해서 일반적으로 2가지 테스트 방법이 있어 간단하게 다뤄보기로 한다.

① 나무와 과실의 개념

자본거래와 손익거래는 나무(캐피탈)와 그 과실(수익)에 비교할 수 있다. 소득을 만들어 내는 원천이 되는 나무에 대해서 이루어진 거래에 대해서는 과세하지 않으나, 그 성과물로서 얻은 과실에는 과세를 한다는 개념이다. 예를 들면 아파트 임대차 수입은 손익거래가 되어 과세대상이 되지만, 아파트 자체의 매각은 자본거래가 되어 과세대상이 되지 않는다.

② 유동과 고정의 개념

이 개념은 거래의 빈도에 따라서 자본거래와 손익거래를 구분하고자 하는 것이다. 빈번하게 이루어지는 거래는 손익거래, 단발성으로 거래가 이루어지면 자본거래로 인식하는 것이다. 또한 이 개념은 같은 자산이라고 하더라도 그 업태에 따라서 취급이 달라진다고 생각할 수 있다. 예를 들어 음식점이 음식을 배달을 하기 위해서 사용하였던 차를 매각하는 경우는 자본거래로 생각되나, 자동차 딜러가 같은 차를 판매한 경우에는 손익거래에 해당하는 차이가 있을 수 있다.

2) 매출과목별 유의사항

(1) 제품매출

회계와 같이 세무상으로도 익금계상된다.

(2) 서비스 수입

서비스 수입이라 함은 많은 종류의 수입이 있겠으나 일반적인 컨설팅 업무를 예로 들면 세무상으로도 익금으로 산입된다.

싱가포르 국외에서 발생한 서비스 수입의 경우 해당국가에서 15% 이상의 세금을 납부하는 등 일정의 요건을 충족시키는 경우에는 과세하지 않는다는 규정이 있으나, 이는 해당국가에 항구적인 시설(Permanent Establishment, 속칭 PE)을 통해서 이루어진 서비스의 경우만을 대상으로 한다. 예를 들어 싱가포르의 직원이 IT 컨설팅 업무를 수행하기 위해서 인도네시아에 출장가서 업무를 수행한 경우에는 이 싱가포르 법인이 인도네시아에 거점을 가지고 있지 않은 경우에는 일반적으로 싱가포르에서 과세 대상이 된다.

(3) 이자 수취

싱가포르 국내에서 발생하는 예금이자나 대여금 이자는 회계와 마찬가지 기준으로 세무상으로도 익금 계상하게 된다. 단 싱가포르 국외법인에게서 받은 대여금 이자나 싱가포르 국외에 보유하고 있는 비거주자 계좌의 이자등은 싱가포르의 국외원천 소득에 해당되므로 싱가포르에 송금되는 시점에 과세대상이 된다.

또한 관련회사로의 대여금의 이자에 관해서는 이전가격세제의 관점에서 그 이자율이 적정한가 하는 문제가 발생할 수 있다. 관련회사와의 이자 수취는 독립 기업 간 가격에 따라서 받아야만 한다.

(4) 로열티

기본적으로는 회계와 동일하지만 관계회사로부터 로열티 수입을 받는 경우에는 이전가격세제의 관점에서 그 금액의 산정근거에 유의해야 한다.

(5) 배당금 수취

싱가포르는 2009년 1월 1일부터 One Tier System(법인세를 최종납세로 하며, 주주에는 납세의무를 부과하지 않는 방식)을 채용하고 있므로 배당금 수취에 대해서는 과세를 하지 않는다.

단 예외로서 싱가포르 국외의 법인에게서 싱가포르 국내에 배당금의 송금을 받는 경우에 해당 외국에서 전혀 과세하지 않았거나 과세를 했더라도 법인세율이 15% 미만(최고세율 기준)의 경우에는 배당금 수취를 하더라도 싱가포르에서 과세대상이 될 수 있다. 예를 들면 영국령 버진 아일랜드(BVI) 등의 조세회피지역에 있는 자회사로부터 배당을 받을 경우에는 그 배당에 대해서 싱가포르에서 과세될 가능성이 있으므로 주의할 필요가 있다. 또한 싱가포르 법인이 싱가포르에 사업 실체가 없어 세무상으로 싱가포르 거주법인에 해당되지 않는 경우에는 국외법인으로부터 받는 배당금도 과세대상이 된다.

(6) 주식양도이익

싱가포르에서 주식양도에 관련된 자본소득(Capital Gain)은 비과세되며 이는 주식양도가 자본거래로서 인정받을 경우에 한정한다.

자본거래의 요건은 싱가포르 법인세법상 명확하게 정의되어 있지 않으므로 실무 상으로는 다음의 요건을 종합적으로 감안하여 판단하게 된다.

(a) 주식매각 이유: 차익실현을 목적으로 보유하고 있지 않을 경우에는 자본거래

(b) 주식보유 기간: 보유 기간이 긴 것이 자본거래

(c) 자금조달 방법: 단기 자금조달로 구입하지 않은 것이 자본거래

(d) 매각 빈도: 빈번하게 매매하지 않는 것이 자본거래

(e) 기타 종래 주식매각 시의 자본거래로 인정되는 보유기간이 구체적으로 명시되지 않았으나 2012년 세법개정을 통하여 주식양도에 관한 자본소득(Capital Gain) 인정의 판단기준이 명확해졌다. 그 내용은 주식의 매각 전 최소 24개월 동안 해당 기업의 주식 중 최소 20% 이상의 주식보유율을 유지하고 있는 경우에는 자본소득(Capital Gain)으로 간주하여 세무상 비과세한다는 것이다. 또한 해당기준을 충족시키지 못하는 경우에는 이전과 같이 주식의 매각이유 등의 요건을 종합적으로 감안하여 판단하게 된다.

또한 자본거래에 따라서 발생한 손실은 손금 불산입되므로 자회사 주식 등의 매각에 따른 손실이 발생하더라도 다른 사업소득과 상계되지 않는 점에 대해서는 유의할 필요가 있다.

(7) 고정자산의 처분손익

고정자산 처분손익은 자본거래에 해당되므로 처분손익은 익금(손금) 불산입이 된다. 하지만 뒤에 설명할 감가상각비와 관련하여 Capital Allowance라는 제도에서 일정액의 손금산입이 인정되는 것과 처분익 중에서 Capital Allowance에서 손금산입한 부분에 상당하는 금액까지는 처분할 때에 익금에 산입(Balancing Charge)하는 제도가 있다.

또한 매각가격과 장부가격을 비교하여 처분손(폐기손, Balancing Allownace)이 발생했다면 그 처분손은 손금산입할 수 있다.

세무상의 처리에 있어서, 회계상으로 인식된 처분손은 우선 전액을 자본거래로서 인정하지 않고, 세무상의 처분손을 재계산하여 손금산입을 하면 된다.

예를 들어 건물을 SGD1,000,000에 매각을 한다고 가정한다.

- 취득가격: SGD900,000
- 회계상 장부가격: SGD500,000
- 세무상 장부가격: SGD300,000

(1) 회계상의 양도익 SGD500,000 (SGD1,000,000-SGD500,000)

→세무상 고정자산 매각이익(SGD500,000)은 자본거래이므로 전액 불인정

(2) 세무상의 양도이익 SGD700,000 (SGD1,000,000-SGD300,000)

→이 가운데 SGD600,000은 Capital Allowance로서 손금산입되어 있는 금액이므로 Balance Charge로서 익금이 된다. 매각금액 SGD1,000,000과 취득가격 SDG900,000의 차액 SGD100,000은 자본소득(Capital Gain)이므로 비과세된다.

예를 들어 건물을 SGD400,000에 양도한 경우에는 다음과 같이 된다.

(1) 회계상의 양도손 SGD100,000 (SGD400,000-SGD500,000)

→세무상 이 고정자산 매각손(SGD100,000)은 자본거래이므로 전액 불인정

(2) 세무상의 양도이익 SGD100,000 (SGD400,000-SGD300,000)

→이 SGD100,000은 Capital Allowance로서 손금산입되어 있는 금액이므로 Balance Charge로서 익금이 된다. 즉 매각금액 SGD400,000과 취득가격 SDG900,000의 차액 SGD500,000은 그대로 손금산입 하는 것이 맞다.

예를 들어 건물을 SGD200,000에 매각한 경우에는 다음과 같이 처분손이 발생한다.

(1) 회계상의 양도손 SGD300,000 (SGD200,000-SGD500,000)

→세무상 이 고정자산 매각손(SGD300,000)은 자본거래이므로 전액 불인정

(2) 세무상의 양도손 SGD100,000 (SGD200,000-SGD300,000)

→이 SGD100,000은 Capital Allowance로서 손금산입되어 있지 않는 금액이므로 처분손으로서 추가로 손금산입 된다.

(8) 외화환산손익

외화환산손익은 다음과 같이 분류한다.

- 자본거래에 관련된 환차손익(외환표시의 자회사 주식, 정기예금, 대여금, 차입금 등)
- 손익거래에 관련된 환차손익(외환표시의 매출채권 등)

이 가운데 '자본거래에 관련된 환차손익'은 전액이 손금 불산입(익금 불산입)이며, '손익거래에 관련된 환차손익'은 손금산입(익금산입)이 가능하다. 이는 과세소득을 창출하지 않는 자산, 부채에 대해서 생기는 환차손익은 과세소득에는 영향을 미치지 않는다는 생각에 기반을 두고 있다.

또한 환차손익의 인식시기에 대해서는 회계와 차이없이 미실현의 환차손익에 있어서도 손익거래에 해당하는 것에 대해서는 손금산입(익금산입)으로 처리된다.

(9) 간주소득과세(서비스 컴퍼니)

한국 본사 등의 관계회사를 위한 시장조사나 광고활동, 본사 계약의 거래에 대해서 영업활동, 애프터 서비스 등을 하기 위해, 싱가포르에 현지법인이나 지사를 설립하는 경우가 있다. 이 경우에는 해당 현지법인이나 지사는 비용만 발생하고 매출이 전혀 발생하지 않을 것으로 예상된다. 싱가포르는 이러한 회사를 서비스 컴퍼니로 부르고, 관계회사에 대해서 서비스 제공을 수행하고 이로써 발생한 소득을 산정하여 과세하고 있다.

예를 들어 한국 본사가 동남아시아에서 상품을 판매하기 위하여 신규 고객 개척 및 거래 중개 지원을 목적으로 하는 싱가포르 법인을 세웠다고 한다면 이 싱가포르 법인에서는 인건비, 사무실 임대료, 출장비용과 같은 비용은 발생하지만 매출은 전부 한국 본사에 인식되므로 싱가포르 법인 앞으로의 이익은 전혀 발생하지 않는다. 이런 경우 싱가포르 법인은 한국 본사에 서비스를 제공한 것에 대한 대가로서 한국 본사로부터 보수를 받아야 하는 것이다.

그 대가는 이전가격 등의 문제도 발생할 수 있으므로 신중하게 판단할 필요가 있지만 IRAS는 2017년 3월 정기적으로 이루어지는 서비스에 대해서는 발생한 비용의 105%를 매출로 간주한다는 발표를 하였다. 이처럼 비용에 일정한 비율의 이익을 합하여 매출을 인식하는 수익 계산방법을 코스트플러스 마크업(Cost-Plus Mark-Up Base)) 방식이라고 부른다.

3. 손금

1) 개요

싱가포르 세법상 손금산입 가능한 비용인가 아닌가는 주로 두 가지 조건에 따라서 판단하게 된다.

첫 번째, 익금의 판단기준과 같이 자본거래인가 손익거래인가라는 구분이다. 앞에서도 언급한바와 같이 자본거래에 관한 수익은 익금 불산입되므로 반대로 자본거래에 관한 비용도 손금 불산입하게 된다.

두 번째, 수익 관련성이다. 싱가포르 세법상 "expenses wholly and exclusively incurred during that period by that person in the production of the income(Section 14(1))"이라고 명기되어 있다. 즉 금액직, 내용적으로 모두(wholly) 소득에 기여하기 위한 목적으로만(exclusively) 지출된 비용이 손금산입 가능하다는 것이다. 예를 들어 개인의 관광목적으로 지출한 여행비용은 손금불산입 항목이나, 비즈니스를 위한 출장비용은 손금산입 할 수 있다.

2) 비용목적별 주의점

(1) 급여 및 임원보수

싱가포르는 임원보수를 포함하여 모든 급여가 전액 손금산입 가능하다.

유의할 점은 급여 부담의 문제이다. 해당 급여가 정말로 싱가포르 법인이 부담해야 할 급여인가 아닌가 하는 점이다. 또한 본래는 싱가포르에서 부담해야 할 급여를 한국의 본사에서 부담하고 있지 않은가를 검토할 필요가 있다. 예를 들어 싱가포르 법인이 모회사나 다른 국가의 자회사에 지원업무를 담당하는 경우 이런 지원업무에 종사하는 종업원의 급여 등을 모두 싱가포르에서 부담하고 모회사나 타국가의 자회사에서 전혀 서비스 비용을 받지 않는 상황은 문제가 될 수 있다.

또한 한국의 모회사에서 주재원으로 나와서 싱가포르에 상주하고 있는 종업원의 급여를 한국 모회사와 싱가포르 법인이 절반씩 부담하고 있는 경우에는 한국 모회사 측면에서도 급여부담에 합리적인 이유가 없을 경우 손금산입이 인정되지 않을 가능성이 있다.

(2) 복리후생비

전액 손금산입 가능하다.(단 의료보험료는 예외). 회계상으로 급여로 과세되는 비용은 '급여계정', 급여로 과세되지 않는 비용은 '복리후생비계정'으로 기장하여 회사의 급여계정은 종업원의 급여신고금액과 일치하도록 정리하는 것이 좋다. 어떤 비용이 급여로 과세되는가는 뒤의 개인소득세 부분에서 자세히 설명한다.

또한 복리후생비 또한 부담 배분의 문제가 존재한다. 보통 현재 근무하고 있는 법인에서 종업원에 대해 복리후생비를 부담하지만, 경우에 따라 여러가지 목적으로 주재원을 파견한 한국 본사가 부담하는 경우도 있을 수 있다. 더 나아가 한국 법인과 싱가포르 법인의 업무를 겸하는 경우에는 어느 법인이 그 비용을 얼마나 부담할 것인지 결정해야 하는 상황이 발생할 수 있는데 이러한 경우에는 주재원 업무의 비중을 객관적으로 검토하여 양 법인이 합리적으로 결정하는 것이 좋겠다.

(3) 보험료

종업원의 의료보험에 관련된 비용 중 종업원의 보수액의 1% 상당의 금액까지의 의료보험부담 또는 의료비의 회사부담은 손금산입이되며, 그 이상의 금액은 손금불산입이 된다. 또한 일정 요건을 충족하면 PMBS(Protable Medical Benefits Scheme)및 TMIS(Transferable Medical Insurance Scheme)에 대해서는 그 보수액의 2% 상당액까지 손금산입이 인정된다.

또한 생명보험에 관하여 수익자가 종업원인 생명보험은 급여로서 손금산입하며, 수익자가 회사인 생명보험은 자본성 자산을 얻기 위해서 지출한 비용(자본거래)으로서 전액 손금 불산입이 된다. 단 회사에서 중요한 인물에 대해서 그 인물이 없으면 회사의 수익을 얻는 것이 불가능하게 될 정도의 사람에 대한 생명보험료는 일정 요건 하에서 손금산입이 인정된다. 이를 일반적으로는 키맨 보험이라고 부른다.

(4) 여비교통비

사업에 관련된 여비교통비는 전액 손금산입이 가능하다.

단 어느 법인이 부담하는 것이 타당한가의 부담주체의 문제가 발생할 수 있다. 예를 들어 싱가포르 주재원이 한국 본사로 출장가는 경우에 발생하는 여비교통비의 부담의 경우이다. 이러한 경우에는 출장의 목적을 판단하여 부담 주체를 결정하는 것이 좋다.

(5) 차량유지비

번호판의 번호가 S로 시작하는 차량을 S Plate로 부르며 S Plate 차량에 관련된 비용은 손금불산입으로 간주된다. 현재는 회사용 차량은 대부분이 S로 시작하는 차량이므로 차량비는 전액 손금불산입으로 간주하면 된다. 또한 S번호판 이외의 번호판이 부착된 차량에는 정부 관련차량, 버스, 택시, 특수목적차량 등으로 외국계 기업이 보유하는 차량에 손금산입이 인정되는 경우로는 화물운반차량의 G 번호판을 들 수 있다.

한편 회사가 종업원에게 차량을 제공하는 경우 혹은 차량 수당을 종업원에게 지급하는 경우에는 급여로서 손금산입이 가능하나 이 경우 종업원 개인은 지급받은 만큼 급여소득으로 소득세 과세대상이 된다.

(6) 지급임차료

사무실 임차료는 전액 손금산입이 가능하다.

단 최초의 임대차 계약에 필요한 부동산 중개비용이나 인지세 등은 자본거래이므로 손금산입이 불가능하다. 한편 계약갱신을 위한 부동산 중개비용이나 인지세는 손익거래로서 손금산입이 가능하다. 같은 부동산 중개비용과 인지세라도 그 지출 이유에 따라서 취급이 달라진다는 점에 유의해야 한다.

(7) 세금 및 공과금

세금 및 공과금은 그 세목이나 지불원인에 따라 비용인정 여부가 결정된다. 참고로 벌금 등은 비용인정이 불가능하다. 일반적으로 발생하는 세금은 다음과 같이 구분한다.

법인세 및 외국법인세	손금불산입
GST	GST 등록 사업자가 지불한 GST는 전액 손금불산입이나, 비등록 사업자가 지불한 경우에는 손금산입 가능
고정자산세	사업용 자산에 관련된 고정자산세(부동산만 과세)는 손금산입 가능하나, 유휴자산에 관한 고정자산세는 손금불산입
인지세	고정자산취득, 주식취득, 임대차 계약의 첫 계약에 관련된 인지세는 원칙상 손금불산입이나, 임대차 계약의 갱신에 관련된 인지세는 손금산입 가능

(8) 통신비

전액 손금산입 가능하다.

(9) 전문가 보수(변호사 비용, 회계사 비용)

비즈니스 활동에 관련하여 지불된 전문가 보수는 손금산입 가능하다. 단 자본거래로 간주되는 부동산 구입등에 관련하여 지불된 변호사비용, 회계사에게 지불된 가치평가비용 등은 손금불산입으로 간주된다. 부동산 임대계약 체결 시에 변호사 등의 전문가에 대해서 지불되는 보수도 일반적으로 손금불산입으로 간주된다.

또한 이런 흐름을 반영하면 M&A에 따른 주식취득에 필요한 전문가 보수도 손금불산입이어야 하나, 일정의 요건을 만족하는 적격 M&A에 대해서는 Due Diligence 비용 등의 취득 관련 비용의 200% 손금산입(각 세금부과연도 SDG100,000까지)이 인정된다.

(10) 접대교제비

접대, 교제비 등은 수익에 관련된 것일 경우에는 전액 손금산입이 가능하다. 한국과 같이 손금산입의 금액제한은 없으며, 고객의 접대에 사용된 비용은 전액 손금산입이 가능하다. 단 일반적인 가사비용과 같은 사업과 관련없는 사적 비용은 손금불산입이 된다.

또한 동종업계단체의 가입비용 등은 자본거래에 관련된 비용이므로 손금불산입이나, 연회비는 손금산입이 가능하다.

(11) 이자 지급

수익의 발생을 위한 자산의 취득이나 사업 운영을 위하여 사용되는 차입금에 대하여 지불한 이자는 손금산입이 되며, 그 이외의 이자지급은 손금불산입이 된다. 하기의 차입금에 대해서 발생한 이자지급은 손금불산입이 된다.

- 장기보유할 유휴고정자산의 구입에 필요한 차입금 등
- 수익을 창출하지 않는 주식의 구입에 필요한 차입금 등
- 관련회사 등에 무이자 대여를 하기 위해서의 자금조달에 관련된 차입금 등

단 차입금 등이 수익에 관련된 자산을 취득하기 위하여 사용되었는지의 여부를 개별적으로 판단하는 것이 어려우므로 실무적으로는 이자지불을 수익관련자산/총자산으로 배분한 금액을 손금산입으로 간주하는 경우가 많다.

또한 별도로 관계회사에서 차입금 이자율을 몇 %로 할 것인가 하는 논점이 있다. 싱가포르는 Singapore Inter Bank Offered Rate(SIBOR)와 London Inter Bank Offered Rate(LIBOR)등의 이율을 시장이자율로 사용하는 것이 일반적이다. 또한 이러한 이율에 대여금의 통화, 대여목적, 시장금리, 대여금 원금, 대여기간, 보증의 유무 등의 부대조건을 고려하여 이자율을 적용하게 된다.

(12) 대손충당금

기본적으로 대손충당금은 세무상 손금산입이 인정되지 않는다.

일반채권에 대하여 과거의 실제 발생율에 근거하여 인식하는 대손충당금이

인정되지 않는다. 단 개별 외상 매출채권 등에 관하여 회계기준(FRS39)에 기반하여 인식된 대손충당금이면, 채권의 금액, 취득경위 등의 상세내역이나 채무자의 상세정보을 제출하는 경우 등 일정한 조건을 충족시키면 손금산입이 인정되기도 한다.

대손상각도 개별 채권의 대손충당금과 같은 조건하에서 인정된다. 단 장기 대여금이나 자회사 주식과 같이 원래 자본거래로 간주되는 자산에 관련된 대손충당금과 대손상각은 실제 부도가 발생했더라도 손금산입은 인정되지 않는다.

(13) 기부금

기부금은 수익을 얻는 것에 공헌하지 않으므로 전액이 손금불산입된다. 예외로 정부가 인정하는 단체에 대한 기부금만은 지출액의 250%의 손금산입이 인정된다. 그 외의 기부금, 예를 들어 관련회사 간의 기부금은 전액 손금불산입이 된다.

(14) 개업비용

매출이 발생하기 전의 준비단계에서 발생한 비용에 대해서는 수익에 직접 연결이 되지 않으므로 손금불산입이 된다. 그러나 정책적인 배려로 최초의 매출이 발생한 연도의 1년 전까지의 기간에 발생한 비용은 손금산입이 가능하도록 하고 있다.

예를 들어 2016년 7월에 회사를 설립하고(12월 결산), 처음으로 매출이 발생한 시점이 2018년 1월인 경우에는 2016년 7월부터 2016년 12월의 사이에 발생한 비용은 손금산입이 불가능하나, 2017년 1월부터 사업준비에 필요한 비용은 손금산입이 가능하다.

회사 설립 전에 필요한 비용 즉 회사설립 수속비용 등의 외주비용 등은 전액 손금 불산입이다.

4. 세무상의 고정자산 상각(Capital Allowance)

1) 개요

싱가포르는 고정자산에 대한 투자는 자본 항목에 대한 지출이라고 간주하므로, 감가상각비도 자본거래로서 손금불산입으로 간주한다. 따라서 손익계산서에 인식된 감가상각비는 전액을 손금불산입이 된다.

단 사업소득을 얻기 위하여 사용되는 고정자산에 대하여서는 손금산입이 인정되며, 그 종류는 아래와 같이 분류된다.

기구비품, 기계	Plant and Machinery
건물	Building
건물 부속설비	Renovation & Refurbishment
무형자산	Intangible Asset

* 좀더 자세한 내용은 소득세법 Section 19/19A 참조

또한 Capital Allowance 전반에 대해서 다음과 같은 특징이 있다.

- 건물을 제외하고 상각기간이 1~3년이며, 회계상의 감가상각보다 짧음
- 월별 계산을 진행
- 회계처리와는 관계없이 계산됨

2) 기구비품, 기계장치(Plant and Machinery)

일반적인 기구비품, 기계장치는 Income Tax Act 상에서 Plant and Machinery 로 구분되며, 개별의 자산별로 세무상의 내용연수가 정해져 있고, 이에 따라서 상각이 이루어지게 된다. 또한 그와 별도로 3개년동안 세법상 감가상각을 할 수 있도록 해주는 제도도 있다. 따라서 회사 측면에서 유리한 상각방법을 선택하면 된다.

3) 건물(Building)

건물의 상각은 2010년 2월 22일 이전에 구입한 건물에는 Industrial Building Allowance(IBA)라는 제도가 적용되며, 그 이후에 구입한 건물에는 Land Intensification Allowance(LIA)라는 제도가 적용되고 있다.

- Industiral Building Allowance(IBA)
  - 대상 자산

    IBA는 현재는 폐지된 제도로서 2010년 2월 22일 이전에 구입한 건물에 대해서 상각이 인정되는 제도이다. 대상 자산은 산업용 건물에 한정되어 있으며, 예를 들어 사무실, 점포, 주택 등은 대상에서 제외된다.

  - 상각액

    구입 첫해연도에는 Initial Allowance(IA) 25%가 인정되며, 매년 인정되는 3%의 Annual Allowance(AA)가 인정된다. 즉 구입 첫해년도에는 28%, 그 이후로는 매년 3%씩 상각하게 된다.

- Land Intensification Allowance(LIA)
  - 대상자산

    IBA의 경우, 대상자산이 산업용의 건물인 경우 모두 인정이 되었으나, LIA의 경우 싱가포르 경제개발청의 승인을 받아야 상각이 허용된다. 요건으로는 특정지구에 있으며, 특정 산업활동을 하기 위한 건물이어야 한다. 기본적으로 사무실은 제외된다.(자세한 내용은 EDB 홈페이지 참조)

  - 상각액

    구입 첫해연도에는 Initial Allowance(IA) 25%가 인정되며, 매년 인정되는 5%의 Annual Allowance(AA)가 인정된다. 즉 구입 첫해연도에는 30%, 그 이후로는 매년 5%씩 상각하게 된다.

4) 건물부속설비(Renovation&Refurbishment)

싱가포르 세법상 건물부속설비는 건물과 일체가 되어 개별적으로 움직이는 것이 불가능한 것을 의미한다. 예를 들어 내장공사나 전기설비는 물론이며 문, 칸막이, 마루 등과 같이 고정되어 간단히 움직일 수 없는 것이 해당된다. 또한 Renovation & Refurbishment의 상각이 규정되어 있는 싱가포르 세법의 조문번호를 따서 14Q Deduction이라고도 부른다.

건물부속설비의 경우 세무상 3년 간 상각하며, 3년 간 비용인정 한도액은 아래와 같다.

- YA2012 이전: SGD150,000
- YA2013 이후: SGD300,000

5) 무형자산(Intangible Asset)

무형자산의 상각은 Capital Allowance라 부르지 않고 Writing-down Allowance의 용어를 사용한다. 무형자산의 예는 특허권, 상표권, 실용신안권, 저작권 등이 있으며, YA2017 이후에는 회사가 정액법으로 기간을 5년, 10년, 15년으로 선택할 수 있으며 이후 상각기간의 변경은 불가능하다.

6) 수리비용

비즈니스에 사용할 고정자산의 매매는 자본거래이므로 그 설치비용, 도입비용은 손금산입이 인정되지 않는다. 한편 일반적인 비즈니스를 진행하는데 있어서 지출되는 고정자산의 수리비용은 비즈니스를 행하기 위하여 필요한 비용이므로 손금산입이 가능하다.

5. 과세소득 계산

1) 개요

싱가포르는 회계상의 이익에 대해서, 세무상의 조정항목을 가감한 다음 과세소득을 산정하게 된다. 회계상의 세전이익/손실을 바탕으로 세무조정을 행하는 계산방법은 한국과 유사하다. 구체적으로 세무계산 전체의 흐름은 다음과 같다.

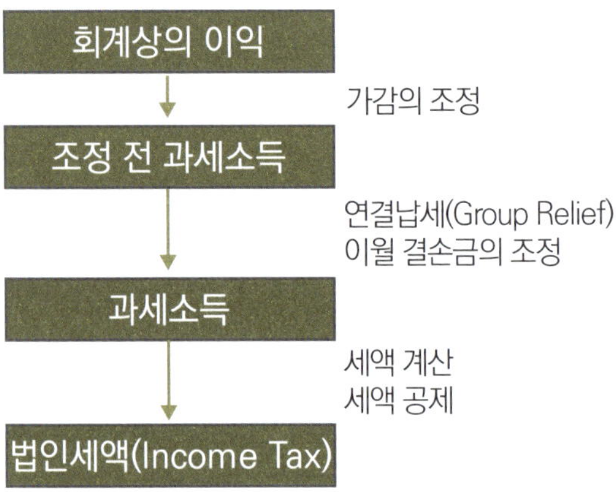

2) 연결납세(Group Relief)

그룹 법인 간의 소득과 결손을 상쇄하는 연결납세제도가 적용되고 있으며, Group Relief라고 불린다. Group Relief는 싱가포르 국내에 있는 그룹 회사 간의 결손금 등의 교환을 인정하는 제도이며, 연간 75%이상의 주식을 보유하고 있는 싱가포르의 관련회사 간에만 인정된다. 적용에 있어서 다음 사항을 주의해야 한다.

- 싱가포르 법인들 간에만 상쇄가 가능하며, 외국법인과의 상쇄는 불가능
- 싱가포르 국내에서만 75% 이상의 모자관계가 요구되므로 한국 법인이 각각

100% 지분을 보유하고 있는 싱가포르 내 형제법인은 적용 불가

- Group Relief의 적용을 받는 모든 회사의 결산시점이 동일해야 할 필요가 있음
- 상쇄가능한 부분은 당기 발생분에 한정하며, 결손금 등의 이월부분에 대해서는 상쇄가 불가능

3) 결손금의 이월

한국의 경우 2016년 이후 각 사업연도 개시 전 10년 이내의 사업연도에서 발생한 결손금이 있는 경우 당해 결손금의 80%에 해당하는 금액을 그 이후의 각 사업연도의 과세표준을 계산할 때 공제할 수 있으나 싱가포르의 경우 과거의 결손금을 영구적으로 이월 가능하다. 단 최종 모회사지분의 과반수 이상이 실질적으로 변동한 경우 해당 싱가포르 법인의 이월 결손금은 전부 무효가 된다.

이월결손금은 Capital Allowance에서 발생한 결손금과 그 이외의 사업소득에서 발생한 결손금을 구별하여 관리할 필요가 있다. 전 사업연도 이전부터 이월되어 공제하지 못한 Capital Allowance는 해당 사업연도의 Capital Allowance에 앞서 소득에서 감할 필요가 있다. 또한 Capital Allowance에서 발생한 결손금은 그 회사의 주요사업(Principal Activities)에 변경이 있는 경우에는 소멸하나 사업소득에서 발생한 결손금은 주요사업에 변경이 있어도 소멸하지 않는다는 점에 유의해야 한다.

최종 모회사 지분의 과반수 이상이 실질적으로 변경되었는지 아닌지를 판정하는 시점은 감가상각에서 발생한 결손금과 사업소득에서 발생한 결손금이 차이가 있으므로 아래에 그 시점을 구분하여 정리하였다.

〈Capital Allowance에서 발생한 결손금〉

- 결손이 생긴 부과연도[YEAR OF ASSESSMENT, 이하 'YA'] 의 마지막 날
- 결손을 사용한 부과연도[YA]의 최초의 날

〈사업에서 발생한 결손금〉

- 결손이 발생한 연도의 마지막 날
- 결손을 사용한 부과연도[YA]의 최초의 날

부과연도의 개념은 앞에서 설명한 바와 같으며, 이는 회계연도와는 다른 세무상의 개념이다. 예를 들어 3월 말 결산의 회사로 2014년 3월 말 결산 시에 발생한 이월결손금(Capital Allowance에서 발생한 결손금과 사업에서 발생한 결손금 양쪽)을 2019년 3월 결산기에 발생한 소득에 상쇄하고 싶은 경우에는 다음과 같이 된다.

결손이 발생한 부과연도	달력일 기준, 2015년 1~12월로 마지막일은 2015년 12월 31일
결손이 발생한 달력연도	달력일 기준, 2014년 1~12월로 마지막일은2014년 12월 31일
결손을 사용하는 부과연도	달력일 기준, 2020년 1~12월로 첫 번째 날은 2020년 1월 1일

따라서 이 경우에는 Capital Allowance에서 발생한 결손금에 대해서는 2015년 12월 31일과 2020년 1월 1일을, 사업에서 발생한 결손금에 대해서는 2014년 12월 31일과 2020년 1월 1일을 비교하여 최종 모회사가 50% 이상 실질적인 변화가 있는 경우에는 결손 이월금을 사용할 수 없게 된다.

4) 결손금의 환급(Loss Carry-Back Relief)

결손이 발생한 부과연도의 직전의 부과연도에 과세소득이 발생하여 납세를 한 경우에는 직전 부과연도에 납부한 세액의 환급을 요구할 수 있다. 또한 환급청구는 직전 1년만 역산이 가능하며, 환급가능한 금액은

SGD100,000이 한도이다. 환급적용을 받는 경우에도 결손금이 발생한 부과연도의 최초의 날과 그 직전 부과연도의 마지막날의 주주의 과반수가 실질적으로 같아야 할 필요가 있다.

5) 특수한 소득계산

다음과 같은 경우에는 특수한 소득계산을 하게 되므로 주의할 필요가 있다.

(1) 지주회사, 투자회사(Investment Holding Company)

부동산이나 주식 등을 장기보유하여 주수입이 임대료나 배당인 사업을 영위하는 법인은 다른 소득 계산방법을 적용하게 된다. 이러한 회사는 기본적으로 자본거래를 주사업으로 영위하므로 발생하는 비용이 손익거래에 공헌하고 있는가를 판단하는데 어려움이 있으므로 다른 사업에 비교하여 손금산입의 구분을 명확히 하고 있다. 일반적으로 다음과 같은 비용은 손금산입이 인정되며 그 외의 비용은 손금산입이 인정되지 않는다.

- 감사 비용, Company Secretary 비용, 세무신고 비용 등 컴프라이언스 비용
- 부동산이나 주식 등(배당이나 임대수입이 있을 것)을 구입하기 위한 차입금에 대한 이자지급
- 임대 혹은 구매한 부동산과 관련된 고정자산세, 보험료, 수선비 등의 유지비용
- 투자수익의 5% 상당 한도의 간접비용(급여, 사무실 임대료, 통신비, 여행비 등)

(2) 휴면회사(Dormant company)

'휴면회사'는 사업 활동을 전혀 하고 있지 않으며, 소득이 전혀 발생하고 있지 않는 회사를 의미한다. 여기서 '소득이 전혀 발생하거나 발생하고 있지 않은'이라는 판정기준은 엄격하여 회사의 정기예금에 관련된 이자수익이 발생하는 것만으로도 일반적인 휴면회사로는 인정되지 않는다. 휴면회사에 해당하는 경우에는 신청서를 제출하면 세무신고의 의무를 면제받게 된다.

6. 세액계산

1) 세율 및 세액계산

법인세율은 17%이나, Partial Tax Exemption 제도(부분적 면세제도)가 있어서 SGD10,000까지의 소득에 대해서는 75% 면세, SGD10,001~SGD200,000의 소득에 대해서는 50% 면세제도가 있다.

〈세금계산의 예시, YA2020 기준〉

① 과세수익 SGD500,000이 발생한 경우

과세소득	면세율	납부세액
최초 SGD10,000	75% 면세 : SGD7,500 25% 과세 : SGD2,500	SGD425(2,500*17%)
다음 SGD190,000	50% 면세 : SGD95,000 50% 과세 : SGD95,000	SGD16,150(95,000*17%)
이후 SGD300,000	100% 과세 : SGD300,000	SGD51,000(300,000*17%)
최종합계납세액		SGD67,575(실효세율13.50%)

② 과세수익 SGD200,000이 발생한 경우

과세소득	면세율	납부세액
최초SGD10,000	75% 면세 : SGD7,500 25% 과세 : SGD2,500	SGD425(2,500*17%)
다음 SGD190,000	50% 면세 : SGD95,000 50% 과세 : SGD95,000	SGD16,150(95,000*17%)
최종합계납세액		SGD16,575(실효세율8.3%)

추가로 다음의 조건을 만족시키는 신규 설립법인에 대해서는 설립 후 3차 과세연도까지는 SGD100,000까지의 소득에 대해서는 75% 면세, SGD100,001~SGD200,000의 소득에 대해서는 50% 면세제도가 있다. 또한 이 면세조건을 적용받은 법인도 4차 과세연도 이후에는 앞에서 설명한 SGD10,000까지 75%, SGD200,000까지는 50% 면세의 제도의 적용을 받을 수 있다.

- 주주가 20인 이하로 모두 개인주주이거나,
- 최소 1인의 개인주주가 전체지분의 10% 이상을 소유하는 경우
- 싱가포르에 설립된 법인이면서, 세무상으로도 싱가포르 거주법인일 필요가 있다

예, 신규법인이 과세수익 SGD350,000이 발생한 경우,

과세수익	면세율	납부세액
최초 SGD100,000	75% 면세 : SGD75,000 25% 과세 : SGD25,000	SGD4,250(25,000*17%)
다음 SGD100,000	50% 면세 : SGD50,000 50% 과세 : SGD50,000	SGD8,500(50,000*17%)
이후 SGD150,000	100% 과세 : SGD150,000	SGD25,500(150,000*17%)
최종합계납세액		SGD38,250(실효세율10.9%)

싱가포르 정부는 매년 정부의 재정상황에 따라 TAX REBATE 제도를 운영하고 있다. 이는 최종납세액에 대하여 추가 세금공제 혜택을 주는 제도로서 YA2019의 경우 TAX REBATE 율은 아래와 같다.

기업 TAX REBATE	최대	예시(납부세액이 SGD60,000의 경우)
20%	SGD10,000	Tax Rebate는 SGD12,000이 되지만 최대 SGD10,000이므로 SGD10,000이 적용되어, 실제 납부세액은 SGD50,000이 된다.

2) 외국 납부세액공제

싱가포르 법인이 배당금, 지사의 이익, 국외원천 서비스 수입 등의 싱가포르 국외의 소득에 대해서 싱가포르에 송금을 받은 경우에는 과세소득으로 간주되므로 싱가포르에서 합산하여 납세의무가 발생한다. 이 소득에 대해서 원천지 국가에서 원천세를 납부한 경우에는 싱가포르와 원천지 국가간 이중과세를 피하기 위하여 외국세액 공제의 규정을 두고 있다.

예를 들면 싱가포르 법인이 인도네시아 법인에 빌려준 대여금에 대해서

그 대여이자 SGD10,000의 송금을 받는 경우 일반적으로 이 이자에 대해서 인도네시아에서 원천징수가 이루어지는 한편 싱가포르에서도 법인세 과세를 하게 된다. 예를 들어 인도네시아에서 10%의 원천징수가 이루어지는 경우 인도네시아에서 SGD1,000과 싱가포르에서 SGD1,700의 과세가 이루어져 이중과세가 발생한다. 이런 경우에 싱가포르에서 납세하게 되는 SGD1,700에서 인도네시아에서 납부한 SGD1,000을 공제하고, 싱가포르에서 납세하는 금액은 SGD700으로 조정받는 것이 외국납부세액 공제의 기본적인 개념이다.

외국세액 공제의 적용은 세무상의 싱가포르 거주법인에 한하여 적용을 받게 되며, 그 소득에 대해서 싱가포르에서 과세되는 금액을 한도로 세액공제를 받을 수 있다.

기존의 외국세액 공제한도액의 계산은 수익의 발생국별이나 수익의 종류에 따라서 분류하고 싱가포르에서의 과세액과 외국에서의 과세액을 비교하여 세액이 낮은 쪽을 외국세액 공제금액으로 정했다. 그러나 2011년 세제개정에 따라서 다음의 조건을 만족하면 외국납부세액에 대해서 국가나 수익의 종류 등의 구분을 없애고, 합계 외국세액(FTC Pooling System)으로 외국세액 공제액이 결정되도록 변경되었다.

- 소득이 발생한 외국에 납부한 세액이 있을 것
- 납세국의 최고법인세율이 최소 15% 이상일 것
- 싱가포르에서 과세이익이 있을 것

구체적으로는 다음과 같이 계산하게 된다.

	A국	B국	합계
외국에서의 과세이익	$10,000	$20,000	$30,000
외국세액	$500	$5,000	$5,500
적용세율	5%	25%	18.33%

* 싱가포르 법인세율 17%를 적용하는 경우는 총 이익 $30,000×17%= $5,100이 된다.

따라서 외국에 납부한 세액인 $5,500과 싱가포르에서 납부했어야 할 세액인 $5,100 중 적은 금액인 $5,100을 취한다.

또한 일부 국가의 경우, 싱가포르 IRAS에서 발급한 COD(Certificate of Domicile) 혹은 COR(Certificate of Residence)를 제출하는 경우 해당 국에서의 원천세 공제를 회피할 수 있으므로 외국에서의 소득이 있는 경우, 세무전문가의 자문을 얻는 것이 좋겠다.

3) GTP(Global Trader Programme)

싱가포르에서의 국제무역의 발전, 촉진(주로 판매, 조달의 총괄기능 수행)을 위하여 특정 상품의 오프쇼어 거래를 대규모로 하는 회사에 대하여 제공하는 우대조치이다. 특정 상품의 거래에서 발생하는 적격무역 소득에 대해서 3년간에 걸쳐서 10%의 경감세율을 적용(상품이 싱가포르를 경유할 필요는 없으며, 파생상품 거래도 대상이 됨), 인보이스 재발행 기능을 싱가포르에서 행하고, 싱가포르국내를 거치지 않는 상품거래가 일어나는 삼자무역 형태의 경우에도 이 제도의 적용을 검토 해 볼 필요가 있다.

감독관청인 IE Singapore에 문의와 협의를 통하여 보다 구체적 요건이나 적격 무역소득에 대한 범위가 최종적으로 결정되며 다음의 최서조건을 만족시킬 필요가 있다.

- 국제적인 네트워크를 가진 무역업체일 것
- 주요 사업으로 큰 금액의 오프쇼어 거래를 하고 있을 것(최소 USD 100MIL)
- 싱가포르에서 상당액의 사업지출을 하고 있을 것(최소 USD 3MIL)
- 싱가포르에서 무역실무의 전문가를 상당 수 채용하고 있을 것(최소 3명)

적용 상품은 아래와 같다.

- Electronic and electrical products.
- Consumer products.
- Building and Industrial materials.
- Industrial products.
- Energy commodities and products.
- Agricultural commodities and bulk edible products
- Minerals
- Machinery components

4) RHQ(Regional Headquarters Award)/IHQ(International Headquarters Award)

싱가포르에서 일정 조건을 만족시키는 총괄회사는 RHQ 지위의 취득이 가능하고, 총괄업무에서 발생하는 과세소득에 대해서 일정기간 경감세율이 적용된다. 최근 총괄회사의 기능에 대한 관심이 높아지고 있다. 우대세율이 15%까지로 보통 법인세율 17%와 비교하여 2%밖에 경감이 되지 않으므로 신청과 인정 후의 보고에 걸리는 수고를 생각하면 그 필요성에 대해서 의문의 목소리도 높아지고 있다.

구체적으로는 이하의 적격소득의 증가분에 대해서 3년 간에 걸쳐서

15%의 경감세율이 적용된다. 추가로 3년째까지 모든 조건을 충족시킨 경우에는 추가로 2년 간 연장 가능하다.

다음은 싱가포르 정부가 인정하는 총괄회사의 업무 영역이다.

- 경영관리, 지적 재산권 관리, 인사관리
- 사업전략의 기획수립
- 사무 서비스 대행
- 재무 어드바이스
- 연구개발
- 물류관리, 조달업무

감독관청인 EDB와의 협의를 통하여 보다 구체적인 요건이나 적격 소득에 대한 범위가 최종적으로 결정되며 다음의 최저조건을 만족시킬 필요가 있다.

- 총괄사업에 종사하는 자가 싱가포르를 기반으로 하는 해당 총괄업무를 수행할 것
- 자본금의 증가(1차년도 종료까지 최저 SGD200,000, 3차년도 종료까지 최저 SGD500,000)
- 우대기간 중에 Skilled Employment가 종업원 중 75% 이상을 차지할 것
- 우대기간(3년) 종료까지

  * 3종류 이상의 총괄 서비스를 제공
  * 3개국 이상의 외국에 총괄 서비스를 제공
  * 10명 이상의 전문가 증원
  * 상위 5명의 평균 급여가 연간 SGD100,000 이상일 것
  * SGD2,000,000 이상의 연간 사업비 지출 증가
  * 우대기간 중 누적하여 SGD3,000,000 이상의 사업비지출

RHQ의 조건을 모두 만족시키고 기준을 크게 상회하는 기업은 IHQ 인

정을 받는 것이 가능해진다. 명확한 기준이 정해져 있는 것은 아니고 협의를 통해서 결정되게 되며 IHQ 인정을 받을 경우에는 적격소득에 대해서 5~10년에 걸쳐서 10% 이하의 경감세율이 적용된다.

5) FTC(Finance & Treasury Centres)

이 규정은 자금관리 및 금융총괄 기능을 수행하는 싱가포르 법인에 대해서 우대혜택을 주는 것을 목적으로 한다. 단 전문가 직원을 3명 이상 고용해야 하므로 단순히 계좌를 싱가포르에 두고 자금을 움직이기만 하는 형태는 인정되지 않으며, 명확한 실체가 있는 자금관리 등을 수행할 필요가 있다는 점에 유의해야 한다. 조건을 충족한 경우에는 다음의 우대조치를 받을 수 있다.

- 관계회사(지분 25% 이상 보유)에 대한 적격 서비스 및 이자, 배당 등에 관련된 수수료 등에 대해서 5~10년 간에 걸쳐서 8%의 경감세율을 적용
- 싱가포르 국외로 지급한 차입 이자, 사채이자에 관련된 원천징수 세액 면제

적용 조건은 다음과 같다.

- 연간 사업지출액이 SGD750,000 이상일 것
- 전문가 직원을 3명 이상 고용할 것
- 3개 회사 이상의 관계회사에 대해서 3가지 이상의 적격 서비스를 제공할 것
- Economic Development Board(EDB)에 신청하고 협의를 통하여 우대 내용을 확정

* 적격 서비스의 내용 : loan 협의, 금융 관련 조언, 보증업무, 팩토링/리인보이스, 경제/투자 환경 분석, 비즈니스 플래닝 등

6) M&A Scheme(인수 합병 관련 혜택)

싱가포르 국내에서 M&A를 추진하고 원활한 사업활동을 수행할 수 있도록 하는 것을 목적으로 적격한 M&A에 대해서는 다음과 같은 우대조치를 하고 있다.

- 최대 매수가격은 SGD40,000,000이며, 매수가격의 25% 상당(단 상한 SGD1,000,000)을 비용으로 인식하여 5년 간 손금산입
- 인지세의 면제(상한 SGD80,000)
- 취득 관련비용(전문가의 자산실사 등의 비용)에 대해서 200%의 공제가 가능(각 부과연도 상한 SGD100,000)

적용요건은 다음과 같다.

- 매수회사가 싱가포르 거주법인일 것
- 완전 지배관계(100%)가 있으면 자회사 혹은 손자회사를 통한 매수도 가능
- 20% 이상의 주식을 보유하는 결과가 될 것(이미 20% 이하의 지분을 보유하고 있는 경우)
- 50% 이상의 주식을 보유하는 결과가 될 것(이미 50% 이하의 지분을 보유하고 있는 경우)
- 사업을 영위하는데 있어서 1년 이상을 합산하여 3명 이상의 종업원이 존재하는 대상 기업을 매수할 것

7) DTD(Double Tax Deduction)

중소기업의 해외진출을 권장하기 위해서 일정 요건을 갖춘 기업의 국제화 경비에 대해서는 이중공제(즉 1회의 경비를 2회 손금으로 소득에서 공제하는 것)가 인정된다. 다음의 4가지 활동에 대해서는 IE Singapore 혹은 STB(Singapore Tourism Borad)에 신청하지 않고도 이중공제가 인정되고 있다.

- 신상품, 기존상품의 판매촉진을 위한 출장비용
- 해외 투자조사를 위한 출장비용

- 해외 무역 전시회의 참가비용
- 싱가포르 국내 전시회의 참가비용(IE Singapore, 싱가포르 투어리스트 보드 인정 이벤트 한정)

아래는 이중공제의 한도이다.

기간 구분	DTD 인정 비용 한도
2012년 4월 1일부터 YA2018	SGD100,000/년도
YA2019 부터 2020년 3월 31일까지	SGD150,000/년도

7. 이전 가격세금제도

1) 개요

이전가격세제는 해외에 소재한 자회사 및 관련회사와의 거래를 통하여 거래 가격을 조정하는 방법을 통한 소득의 해외이전을 방지하는 것을 목적으로 해당 거래에 독립기업 간 가격을 적용하여 과세소득을 계산하는 제도이다.

싱가포르의 이전가격은 국외 관련자와의 사이에서 이루어지는 자산의 매매, 서비스의 제공 및 무형자산에 관련된 거래가 적용대상이 되며, 자본거래(출자나 배당 등)는 제외한다. IRAS는 국외 관련자와의 거래는 독립 기업 간 가격(예를 들어 제3자와 같은 거래를 할 경우의 가격)에 따라서 이루어진 것으로 간주하고 다음의 절차에 따라서 제3자 간 거래가격을 산정한다.

- 비교 가능성을 검증
- 산정방법과 비교대상 거래를 산정
- 독립 기업 간 가격의 산정

싱가포르에서는 이전가격 문서화는 의무화되어 있지 않으나 세무조사 시에 제출을 요구하는 경우가 있다. 서면조사로 이전가격의 산정근거에 대해서 문의를 받는 경우가 계속해서 증가하는 경향을 보이고 있으며, 사내적으로 대외적 설명근거의 통일화를 위하여, 일정한 문서화를 해두는 것이 안전하다. 또한 거래 상대국의 이전가격 세제에 따라서 상대국가 쪽에서 문서화 의무가 있는 경우가 있으므로 이런 경우에는 상대국과의 조정을 통하여 문서화 내용에 대해서 검토할 필요가 있다. 아시아권의 여러 국가들이 이전가격 세제에 대하여 규제를 강화하는 경향이 있으므로 유의 할 필요가 있다.

2) 이자와 서비스 제공의 독립 기업 간 가격

IRAS는 국외 관련자 간의 이자와 서비스 제공에 대하여 상세한 지침을 제공하고 있다. 이자와 관련하여 싱가포르 국내 관계회사 간일 경우에는 무이자 대여도 인정을 하고 있으나 국외 관련자간의 이자는 독립 기업 간 가격으로 계산할 필요가 있다. 대여금 이자에 관한 이전가격의 산정은 각 국가의 상황에 따라 영향을 받으나 일반적으로는 대여법인이 시장에서 자금조달하는 경우의 이자율을 기준으로 하여 구성요소에 대해서 필요한 조정을 한 이자율을 정할 수 있다. 이자율의 구성요소로서 대여금의 통화, 대여목적, 시장금리, 대여금 원금, 대여기간, 보증의 유무 등을 감안할 수 있다.

예를 들어 싱가포르 법인이 베트남의 관계회사에 대여를 해주는 경우에는 우선 베트남 법인이 시장조달(은행 차입 등)로 자금조달을 할 경우 몇 %의 이자율로 차입을 할 수 있는가를 참고하게 된다. 그리고 여기에 소정의 조정을 거치게 된다. 예를 들어 시장금리가 베트남 동 표시 차입인 것에 대해서, 그룹 내에서의 대여는 미국 달러 표시 차입으로 진행될 예정인 경우에는 환전 리스크의 차이를 반영해야만 한다. 그 외의 요소들도 같은 방식으로 반영할 필요가 있으며, 정기적으로 재점검을 해야 할 필요도 있다.

서비스 제공에 관해서는 크게 세 가지의 계산방법이 있다. 독립 기업 간 가격을 따르는 방법, 서비스 컴퍼니로서 5% 코스트를 추가하는 계산방법, 확실한 대납이나 비용 풀링 등의 경우에는 이익을 가산하지 않고 비용만을 청구하는 방법의 세가지가 있다.

8. 원천징수 과세

싱가포르는 다음의 지불에 대해서는 지불하는 자가 원천징수를 하여 다다음달 15일까지 신고 및 납부하도록 하고 있다. 또한 싱가포르 법인의 배당 및 싱가포르 거주자의 급여는 원천징수의 대상이 아니다.

- 대여금 등에 관련된 이자지불(15%)
- 로열티(10%)
- 무형자산의 사용료(10%)
- 동산의 사용료(15%)
- 경영지원료(17%)
- 부동산 투자 신탁[REIT] 관련 분배금(10%)
- 전문가 용역 서비스(15%)
- 비거주자 이사의 보수(22%)
- 연예인(10%)

조세조약이 체결되어 있는 경우에는 이에 근거하여 원천세율이 경감되는 경우가 있을 수 있으므로 사전에 확인이 필요하다. 또한 지불처가 해당 조세조약을 체결한 국가의 법인임을 확인하기 위해서는 거주자 증명(Certificate of Residence)을 IRAS에 제출할 필요가 있다.

예를 들어 한국의 모회사가 싱가포르의 자회사에 대여를 하였고, 이에 대해서 대여금에 관련된 이자를 지불하는 경우에는 싱가포르 국내법에 따라서 15%의 원천소득세가 과세되어야 하지만 조세조약을 적용하게 되면 10%로 경감을 받게 된다. 이 경감을 받기 위해서는 해당 한국 모회사가 한국의 거주법인임을 증명하기 위하여 자료를 IRAS에 제출할 필요가 있다.

9. 신고 및 납부

1) 예정신고

각 사업연도 종료 후 3개월 이내에 예상 소득(Estimated chargeable Income) 신고를 해야 한다. 단 연간 매출액이 SGD5,000,000 미만이면서, 과세소득이 발생하지 않는 경우에는 ECI 신고가 필요없었으나, YA2020부터는 모든 회사가 신고의무를 가지게 되었다.

2) 확정신고

휴면회사를 제외한 모든 법인은 각 사업연도 종료일 기준 다음연도 11월 말까지 IRAS에 확정 신고서(Form C/Form C-S)를 제출해야 한다. Form C로 불리는 일반 확정신고서는 감사보고서, 세액계산서 및 기타 근거자료를 첨부해야 한다. 단 연간 매출액이 SGD5,000,000 이하 등 일정 요건을 충족시키는 소규모기업은 간소화된 확정 신고서(Form C-S)를 제출하면 되며, 이 경우에는 감사 보고서 등의 첨부서류가 불필요하다.

3) 전자신고

예정신고와 확정신고에 관하여 YA2018~YA2020에 걸쳐서 단계적으로 전자신고가 의무화될 예정이다. 의무화 시기는 회사의 매출규모에 따라서 3단계로 나눠질 예정이며, 연간 매출 SGD10,000,000 이상의 기업은 2018년 부과연도, SGD1,000,000 이상의 기업은 2019 부과연도 이후, 이외 모든 법인은 2020 부과연도 이후에는 전자신고가 의무화된다. 또한 전자신고를 할 경우에는 확정신고 기한이 다음연도 11월 말이 아닌 다음연도 12월 15일로 연장 된다.

4) 납세

싱가포르는 부과연도 방식을 채용하므로 신고 시 세금을 납부하지 않고, 신고 후 IRAS에서 납세통지(Notice of Assessment)를 수령한 다음 이에 근거하여 납세를 하면 된다.

제2절 개인소득세

1. 개요

1) 신고와 납부

개인소득세의 계산기간은 매년 1월 1일부터 12월 31일까지이며, 원천징수제도가 없으므로 모든 개인은 다음연도 4월 15일(인터넷신고의 경우, 4월 18일)까지 개인소득을 신고하여야 한다. 단 연간소득이 SGD22,000 미만의 경우에는 개인소득신고를 할 의무가 없으므로 연말에 싱가포르에 부임하는 경우에는 해당연도의 개인소득신고가 필요없는 경우도 있다. 개인소득세신고 후 해당 신고내용을 기초로 계산된 부과통지서(Notice of Assessment)를 받게 되며 이에 따라서 세금을 납부하면 된다. 싱가포르의 개인소득신고는 개인 SINGPASS계정을 이용하여 IRAS의 웹사이트에 접속하여 신고하게 된다. 온라인 신고가 어려울 경우에는 IRAS에 신고용지의 발행을 요청할 수 있다. 신고기간에 신고를 하지 못하는 경우, SGD150에서 SGD1,000까지 벌금이 부과될 수 있다.

2) 세금 정산

주재원이나 현지 채용 외국인이 귀국 또는 퇴직하는 경우에는 귀국일 또는 퇴사일 1개월 이전에 세금정산(Tax Clearance)이 진행되어야 한다. 일반적인 개인소득신고는 개인에게 신고/납부의무가 있지만 세금정산은 고용주가 신고의무를 지게 된다. 세금정산은 IR21이라는 신고서를 귀국일 또는 퇴사일 1개월 전까지 제출하여야 한다. 단 급하게 귀국이 결정된 경우나 마지막 지급 급여액이 확정되지 않는 이유 등으로 1개월 전까지의 제출이 어려운 경우가 많으므로 1개월 전까지 신고할 수 없는 경우에는 그 이유를 IR21상에 기재하면 특별한 벌금을 부과하지는 않는다.

고용주는 귀국 등이 확정된 날 이후의 급여지급을 멈추고 보류한 금액에서 소득세액을 납부하고 차액을 개인에게 지급하게 된다. 급하게 결정된 퇴직 등의 이유로 급여지급의 보류가 어려운 경우에는 해당 개인에게 세금통지서(Notice of Assessment)가 발송된다.

3) 세금 납부 지체에 대한 벌금 등

세금의 납부기일 내에 납부를 하지 않은 경우에는 처음에는 5%의 벌금이 부과되고, 지연기간이 60일 이상이 될 경우에는 1개월에 1%씩 벌금이 가산된다. 월 1%의 벌금은 12개월까지만 가산되므로 최대로 12%까지 가산된다.(최초의 5%와 병행하여 부과되므로, 최대 17%의 벌금이 부과될 수 있음)

4) 개인소득세 신고에 관한 고용주의 의무

고용주는 다음 해 3월 1일까지 일 년 동안의 지급급여를 기재한 IR8A을 직원에게 발행하거나, AIS를 이용하여 IRAS에 직원의 소득정보를 제출해야 한다. 직원이 IR8A를 수령한 경우 직원은 고용주에게서 받은 IR8A를 근거로 개인소득 신고를 하게 된다. 고용주가 AIS을 통하여 각 직원의 소득정보를 IRAS에 직접 신고한 경우에는 각 직원의 급여소득은 온라인상의 각 직원의 소득신고서에 자동적으로 반영된다. 즉 각 직원이 자신의 확정신고를 위해서 IRAS의 웹사이트에 로그인을 하면 고용주가 신고한 자신의 소득이 사전에 입력되어 있는 상태를 확인할 수 있으며 직원은 그 외의 정보만 기입하여 신고를 하면 된다.

2. 과세대상 소득

1) 거주자와 비거주자

납세자는 거주자와 비거주자로 구분되며 각각 다른 세율이 적용된다. 외국인의 경우 해당연도에 있어서 싱가포르에서의 체재 혹은 취업일수가 기준이 된다.

구분	싱가포르 체류/취업일수	과세방법
비거주자	60일 이내	면세
	60일~182일	비거주자 세율로 과세
거주자	183일 이상	거주자 세율(누진세)로 과세

별도로 해당연도 체류일수가 183일 미만의 경우라도 다음연도에 계속해서 싱가포르에 체류하고 그 합계가 183일 이상이 될 경우에는 해당연도에 있어서도 거주자의 세율이 적용된다. 또한 직전연도부터 계속하여 싱가포르에 체류하고 있는 경우에는 그 합산일수가 183일을 초과한 경우에는 해당연도의 체류일수가 183일 미만이더라도 거주자의 세율이 적용된다.

2) 과세대상소득

과세대상소득은 싱가포르를 원천으로 하는 소득(Income accruing in or derived from Singapore)에 한한다. 법인의 과세대상 소득 중 'Income received in Singapore from outside Singapore' 즉 국외 원천소득으로 싱가포르에 송금된 소득에 대하여 싱가포르에서 과세하도록 하고 있으나, 개인의 경우 과세대상 소득 중 국외원천소득은 과세 대상이 아니다.

단 무엇이 싱가포르 국외원천소득인가에 대해서 확인을 할 필요가 있다.

예를 들어 급여소득의 경우 싱가포르 국내에 근무하여 얻은 급여가 싱가포르 국내 원천소득으로 인식되며 이 급여가 어디에서 지급되었는지는 관계가 없다. 따라서 예를 들어 급여의 일부가 한국에서 지급되는 경우에도 싱가포르에 상근하고 있는 경우라면 이 소득은 싱가포르 내 소득으로 인정되어 싱가포르에 세금을 납부하여야 한다. (단 이상의 경우에는 조세조약에 따라 국가별로 다른 국내 원천소득이 인정될 수 있으므로 유의해야 할 필요가 있다.)

3) 주재원 급여에 유의할 사항

현재 싱가포르의 개인소득세율은 누진과세로 최고세율 22%가 적용되므로 한국에 비하여 상대적으로 세율이 낮다고 볼 수 있다.

싱가포르에서의 과세대상 소득은 싱가포르 내 원천소득으로 한정되지만, 주재원이 한국에서 수령하는 급여소득이 있는 경우에는 한국수령 급여소득도 싱가포르에서의 과세대상 소득으로 간주된다. 이는 싱가포르 국내원천소득이라 함은 싱가포르에서 근무한 대가로서 받는 급여이므로 싱가포르에서 근무한 기간에 해당 근무를 통하여 얻은 급여에 대해서 한국에서 지급받았다고 하더라도 싱가포르 국내원천소득으로 간주되는 것이다.

또한 한국에서 비거주자에 해당되는 경우에는 싱가포르 원천소득은 한국에서 과세하지 않으므로 한국본사에서 한국의 개인계좌로 급여를 입금한다 하더라도 한국의 소득세 및 기타 세금의 과세 대상이 아니다. 다만 개인이 한국의 세무상 거주자(Tax Resident) 혹은 세무상 비거주자에 해당하는지의 여부는 개인의 상황에 따라 다르므로 한국 세무전문가의 도움을 받는 것이 좋다.

4) NOR 제도(Not Ordinarily Resident Scheme)

싱가포르에서 개인소득신고를 하는 경우 일정 조건에 부합하는 경우 주재원의 우대세제를 신청할 수 있다. NOR 제도의 적용 신청을 하게 되면 싱가포르의 주재 개시 후 5년 간은 다음과 같은 세무적인 메리트를 누릴 수 있다.

- 싱가포르의 고용소득은 싱가포르에 체류하는 일수로 나눠서 일할로 계산할 수 있다.
- 한국의 복리후생비로 간주되는 해외납부 사회보험료(국민연금 등)의 회사부담분은 면세

NOR 제도의 적용을 받기 위한 조건은 다음과 같다.

- 해당 부과연도에 싱가포르 거주자일 것
- 해당 부과연도의 직전에 연속해서 3년도에 걸쳐서 싱가포르 거주자가 아니였을 것

* Time Apportionment Concession

대상년도의 과세소득이 SGD160,000 이상일 경우 Time Apportionment Concession 혜택을 받을 수 있는데 그 의미는 해당 대상연도에 연간 90일 이상 비즈니스 목적으로 싱가포르 국외에 있었을 경우 그에 해당되는 기간의 소득은 싱가포르에서 면세혜택을 받을 수 있다. 단 이사의 경우와 회사에서 세금을 부담하는 경우는 대상에서 제외된다.

3. 현물급여

1) 주택임대료

주택임대료의 과세소득액 계산방법은 임대계약의 계약주체와 임대료 지불방법에 따라서 나음과 같이 구분된다.

계약 및 임대료 지불방법	과세소득 계산법
종업원이 주택수당을 수령하고, 개인명의로 임대계약을 체결하고 개인이 임대료를 지불하는 경우	주택수당 금액이 과세소득이 됨
종업원이 개인명의로 임대계약을 체결하고 회사가 임대료의 전부 혹은 일부를 지불하는 경우	회사가 부담한 임대료의 실제 금액이 과세소득이 됨
회사명의로 임대계약을 체결하고 회사가 임대료를 전액 지불하는 경우	회사가 부담한 금액 전액이 과세소득이 됨

2) 소득세 부담

회사가 개인소득세를 부담하는 경우 그 부담액에 대해서도 개인소득으로 간주하여 과세대상이 된다. 부담액은 Tax on Tax라는 방식으로 계산된다. 예를 들어서 1,000의 소득에 대해서 100의 세액이 부과된 경우 이 세금 부담분도 포함하여 소득은 1,100이 된다. 이렇게 소득이 계속 증가하게 되는데, 이러한 추가소득의 계산은 소득금액×[세율/(1-세율)]로 계산하며, 세무국(IRAS)에서 연도별 샘플을 제공 하고 있으므로 세무국 홈페이지를 참고하는 것이 좋다.

결과적으로는 급여와 동일하더라도 소득세를 회사부담으로 한 경우에는 Tax on Tax 분의 소득세액이 증가되게 된다.

3) 차량비 부담

회사의 차량이 사적 용도로 사용되는 경우 사적 용도로 사용된 부분에 대해서는 급여로 간주되어 과세대상이 된다. 회사용 차량인지 리스 차량인지에 따라서 각각 계산방법을 달리하더라도 직원은 사적 용도의 사용거리를 기록하고 관리할 필요가 있으며, 이때 출퇴근 시 사용도 사적용도로 판단된다. 또한 운전기사를 포함한 회사용 차량을 직원 개인용도로 사용한 경우에는 운전수의 고용비용도 고려해야 하는 등 검토해야 하는 요소가 많으므로 구체적인 계산은 전문가에게 확인을 받을 필요가 있다.

4) 고국방문비용(Home Leave Passage)

주재원 및 가족의 일시 고국방문비용(출장목적 제외)을 회사가 부담하는 경우 주재원 및 그 가족에게 제공되는 회사부담비용 전액이 과세대상이다.

5) 통근교통비

통근교통비는 본래는 직원 본인이 부담해야 할 것이라는 생각에 근거하여 일정금액을 수당형태로 지급받거나 실지출액을 전액 지급받는 경우 모두 개인소득세의 과세대상 소득이 된다.

단 전직원 대상으로 잔업으로 인해 지급되는 교통비는 과세대상 소득으로 간주되지 않는다.

6) 숙박비

주재원이 싱가포르에 주재 초기 주택을 구하는 동안 호텔에 장기거주하는 경우가 발생할 수 있다. 이 경우 호텔 거주비용을 회사가 부담하는 경우에는 현물 급여로 과세하게 된다.

7) 해외출장수당

싱가포르의 경우 출장국가의 물가수준에 따라서 인정되는 출장수당의 한도액이 규정되어 있어서 그 한도액을 초과하는 출장수당을 지급받은 경우에는 해당 초과금액에 대해서 과세하게 된다. 이 한도액은 매년 IRAS에서 발표되며, 2018년의 경우에는 다음과 같이 일비가 설정되어 있다.

호주	SGD113	한국	SGD154
중국	SGD84	마카오	SGD90
홍콩	SGD137	필리핀	SGD97
독일	SGD112	영국	SGD130
인도	SGD107	태국	SGD80
일본	SGD112	미국	SGD132

또한 상기 출장수당(일비)으로 지급받은 경우 이외에 비즈니스 목적의 출장에 관련된 실비정산 부분에 대해서는 회사경비로 처리되므로 개인소득세에는 비과세가 된다.

8) 택시비

직장에서 집까지의 택시비용 중 야근 후 귀가시의 택시비용은 비과세이나, 그 이외의 경우에는 과세대상이 된다. 또한 야근 후 귀가비용 이외의 택시비용의 경우 비즈니스상의 목적으로 사용하는 택시비용은 회사경비로 처리하게 되지만, 사적 목적으로 사용한 택시비용을 회사가 부담한 경우에는 과세대상이 된다.

9) 자녀 학교비용 부담

회사가 비용을 부담한 경우에는 전액 과세대상이 된다.

10) 부임 수당

수당으로 지급된 경우에는 원칙상 과세대상이 되며, 실비정산의 경우에는 비과세이다. 단 한국에서 해당 부임수당에 대해서 이미 과세를 한 경우에는 싱가포르에서는 국외원천소득으로 간주하여 과세하지 않는 경우도 있으므로 주의가 필요하다.

단 실비정산의 경우에도 개인소비목적으로 사용된 식사비, 교통비, 세탁비 등은 비과세대상에서 제외된다.

4. 소득공제

싱가포르에서는 다음과 같이 소득공제 제도가 시행되고 있다.

항목	상세내용	공제금액 (SGD)
기본공제	54세 이하 55세부터 59세 60세 이상	1,000 6,000 8,000
장애인공제	54세 이하 55세부터 59세 60세 이상	4,000 10,000 12,000
배우자공제	배우자 급여가 SGD4,000 이하인 경우 해당	2,000
자녀공제		4,000
부모님공제	부모와 함께 생활하는 경우 (1인당) 부모와 함께 생활하지 않는 경우 (1인당)	7,000 4,500
학자금공제	연소득 SGD22,000 이하	5,500
CPF Cash Top-Up 공제		최대 7,000
Foreign Maid Levy (일하는 어머니에게만 적용)	외국인 가정부 정부 간 계약이 없는 경우 외국인 가정부 정부 간 계약이 있는 경우	최대 6,360 최대 1,440
조부모가 자녀를 돌봐주는 것에 대한 공제	일하는 어머니만 해당	3,000
공무원 공제	직전연도 근무 유무에 따라 변동	1,500 ~ 5,000
CPF 공제	50세 이하 51세부터 55세 56세부터 60세 61세부터 65세 66세 이상	최대 17,000 최대 15,725 최대 11,475 최대 6,375 최대 4,250
연금상품공제(SRS) Relief	싱가포르 거주자/영주권자 외국인	최대 12,750 최대 29,750

5. 세액계산

1) 세액계산

앞의 내용과 같이 계산된 과세소득에 대해서 누진세율을 적용하여 소득세액을 계산하게 된다. 한국과 같이 소득구간을 나눠서 분리과세를 하는 것이 아니라 모든 소득을 합산한 다음 하기 세율표에 근기하여 누진과세를 하게 된다.

과세대상소득	소득세율 (%)	납부세액 (SGD)
처음 SGD20,000까지	0	0
이후 SGD10,000까지	2	200
처음 SGD30,000까지	-	200
이후 SGD10,000까지	3.5	350
처음 SGD40,000까지	-	550
이후 SGD40,000까지	7	2,800
처음 SGD80,000까지	-	3,350
이후 SGD40,000까지	11.5	4,600
처음 SGD120,000까지	-	7,950
이후 SGD40,000까지	15	6,000
처음 SGD160,000까지	-	13,950
이후 SGD40,000까지	18	7,200
처음 SGD200,000까지	-	21,150
이후 SGD40,000까지	19	7,600
처음 SGD240,000까지	-	28,750
이후 SGD40,000까지	19.5	7,800
처음 SGD280,000까지	-	36,550
이후 SGD40,000까지	20	8,000
처음 SGD320,000까지	-	44,550
SGD320,000 초과 시	22	초과금액 *22%

2) 리베이트

최근 싱가포르에서는 리베이트라는 이름으로 세액경감을 해주는 경우가 많다. YA2017의 경우에는 납세대상세액의 20%의 금액에 대하여 최대 SGD500까지 리베이트를 받을 수 있었다. 리베이트는 해당연도에 따라 제공할 수도 있고, 없을 수도 있으므로 사전에 확인을 해야 한다.

3) 사전납부액의 공제

납세는 세무보고 한 내용을 기초로 하여 부과통지(Notice of Assessment)를 받아 연 1회만 납부하지만 고용주가 지사, 연락사무소등의 비거주자일 경우, 급여가 싱가포르 국내에서 지급되지 않는 경우에는 세무국(IRAS)으로부터 사전납부를 지시하는 통지를 받을 수 있다. 이 경우에는 비자신청 시에 제출한 급여액을 참고로 계산한 납세액을 지시받은 기간 내에 납부하거나 해당 금액만큼의 은행보증서를 제출하는 방법이 있다.

사전납부를 한 경우에는 확정신고 시에 기간 중 납부세액이 공제되므로 중간납부 제도로 볼 수 있다.

제3절 부가가치세(Goods and Services Tax, GST)

1. 개요

싱가포르의 GST는 한국의 부가가치세와 유사한 제도로서 매출에 관련된 GST에서 매입과 관련된 GST를 공제하고 차액을 세무국(IRAS)에 납부(혹은 환급)하게 된다. GST세율은 제도가 도입된 1994년에는 3% 였으나 이후 지속적으로 상승하여 2007년부터 7%를 유지하고 있다. 법인세율의 감소와 병행하여 직접세에서 간접세로 징수수단이 변화하는 것을 볼 수 있다.

1) 등록제

싱가포르의 GST의 특징은 등록제라는 것이며, 등록기업만이 GST 신고 의무가 있다. 예를 들어 매출 GST보다 매입 GST의 금액이 커 신고를 하면 GST 환급을 받을 수 있는 경우라도 GST 등록을 하지 않았다면 환급 신청을 할 수 없다. 또한 싱가포르에서는 등록기업만이 고객에 대해서

GST를 청구할 수 있으며, 미등록 기업의 경우 고객에 대해서 GST를 청구할 의무가 없다.

GST 등록은 향후 1년 간의 과세대상인 예상매출액이 SGD1,000,000을 넘을 경우에는 의무적으로 하여야 하며, 그 이하일 경우에는 임의등록이 가능하다. GST 납부는 은행계좌를 통하여 자동납부된다. 또한 이사의 미납 세금 등이 있는 경우, GST의 납부 시 SGD20,000 정도의 담보금을 요구받는 경우도 있다. 또한 한 번 임의등록한 기업의 경우에는 최소한 2년 간은 등록을 유지해야 한다.

2) 계산방법

납세액(환급액)의 계산은 단순히 매출 GST에서 매입 GST를 공제해서 플러스일 경우에는 차액을 납부하고, 마이너스인 경우에는 차액을 환급받게 된다.

3) 신고/납부에 관하여

싱가포르의 GST의 과세기간은 원칙상 3개월 단위이며, 연 4회의 신고를 해야 한다. 신고기한은 각 과세기간의 다음달 말까지이다. 예를 들어 12월 결산의 법인이라면 1~3월, 4~6월, 7~9월, 10~12월분을 과세기간으로 하여 각 과세기한 다음달인 4월 말, 7월 말, 10월 말, 다음 해 1월 말까지 GST 신고를 해야 한다.

GST납부는 은행에 GIRO(지로)라는 자동납부 등록을 하게 되면 GST 납세액이 자동적으로 인출된다. 한편 GST 환급은 GST 신고서 제출 후 3개월 이내에 환급받게 되며, 환급이 3개월 이상 걸릴 경우에는 환급 가산금이 추가된다.

4) 인보이스상 기재사항에 관한 규정

세무국은 GST 등록업자가 인보이스(Tax Invoice)를 발행하는 경우 반드시 기재해야 할 사항을 규정하고 있다. 또한 GST의 신고서에 근거가 되는 각 거래에 관하여 인보이스(Tax Invoice)를 보존해야 하는 의무가 있다.

반드시 인보이스상에 기재되어야 하는 내용은 아래와 같다.

- Tax Invoice 라는 타이틀
- 회사등록번호, GST 등록 번호
- 과세 전 청구액, GST 금액, 과세 후 청구액
- 외화로 청구하는 경우 싱가포르 달러로 환산한 과세 전 청구액, GST의 금액, 과세 후 청구액

2. 과세대상 거래

1) 7% 과세대상 거래(Standard rated)

싱가포르 국내에서 제공되는 모든 재화, 서비스에 대해서 GST가 부과된다. 단 거주용 부동산의 임대, 매매와 대여금과 예금의 이자, 외환환차손과 같은 금융거래에는 GST 과세가 이루어지지 않는다.

2) 0% 과세대상 거래(Zero rated)

수출거래는 과세대상이지만 GST 세율이 0%이므로 7% GST는 과세되지 않는다. 실제 해당 거래가 0% 과세가 되고, 어떤 거래가 싱가포르 국내 거래로 과세되는가는 거래별로 판단이 필요한 전문적인 문제이므로 전문가와 상담이 필요하다. 참고로 다음과 같은 거래는 0%로 판단된다.

- 상품의 수출매출
- 국제운송, 국제통신
- 싱가포르 국외의 재산에 관한 서비스
- 싱가포르 국외에서 모든 제공이 이루어진 서비스
- 싱가포르 국외에 거주하는 자에게 제공된 서비스 등

3) 면세 거래(Exempt Supplies)

거주용 부동산의 임대, 매매와 대여금과 예금의 이자, 외환환차손과 같은 금융거래 및 귀금속(Investment Precious Metals, IPM)의 거래에는 GST 과세가 이루어지지 않으므로 서비스나 거래가 싱가포르 내에서 이루어지더라도 면세 거래로 분류된다.

4) 비과세 거래(Out of Scope)

전혀 싱가포르가 관여되지 않은 싱가포르 국외에서 이루어진 거래 등으로, 원래 싱가포르에서 GST가 과세대상이 될 수 없는 거래를 말한다. 예를 들자면 다음의 거래의 경우는 비과세 거래에 해당된다.

- 싱가포르 국외의 국가끼리의 상품 판매
- 자유무역지대(Free Trade Zone) 혹은 비과세지역창고(Zero GST Warehouses)에서의 상품판매
- 대가가 발생하지 않는 개인적인 거래

또한 0% 과세 대상 거래와 비과세 거래는 결국 GST가 과세되지 않는다는 점에서 같지만 0% 과세대상은 GST 등록이 필요한가를 판단하는 SGD1,000,000의 매출기준에 포함이 되고, 비과세 거래는 포함되지 않는다는 점에서 차이가 있다.

제4절 인지세(Stamp Duty)

1. 개요

싱가포르의 인지세는 인지세법에 정해진 종류의 계약서로 싱가포르 국내에서 체결된 것과 싱가포르 국외에서 체결되었으나 싱가포르 국내에서 실행되는 부동산, 주식의 거래와 관련된 문서는 인지세의 과세대상이 된다.

2. 과세대상 문서

인지세 과세대상은 주식 관련 거래와 부동산 관련 거래계약서이며, 관련된 세율은 다음과 같다.

1) 부동산 구입에 관련된 계약(Buyer's Stamp Duty, BSD)

거래액	거주용 부동산	비거주용 부동산
최초의 SGD180,000까지	1%	1%
SGD180,001~360,000	2%	2%
SGD360,001~1,000,000	3%	3%
SGD1,000,001 초과금액	4%	

현재는 상기의 BSD외에도 부동산 투자 과열을 억제하기 위하여 Additional Buyer's Stamp Duty(ABSD)라는 추가 인지세가 과세된다. ABSD는 구입자 개인이 싱가포르 국민, 영주권자, 외국인 혹은 법인과 거주용 부동산인지, 투자용 부동산인지의 구분에 따라서 구입가격 또는 시장가격의 5%~30%의 추가인지세가 과세된다.

또한 부동산 구입 시 은행대출을 받는 경우 최대 $500 인지세(Mortgage Duty)가 과세된다.

2) 거주용 부동산의 매각에 관련된 계약(Seller's Stamp Duty, SSD)

SSD의 경우에는 부동산의 구입시점과 보유기간에 따라서 SSD의 세율이 달라진다.

구입시점	보유기간	세율
2017년 3월 11일 이후	1년 미만	12%
	1년 이상, 2년 미만	8%
	2년 이상, 3년 미만	4%
	3년 이상	0%
2011년 1월 14일부터 2017년 3월 10일 사이	1년 미만	16%
	1년 이상, 2년 미만	12%
	2년 이상, 3년 미만	8%
	3년 이상, 4년 미만	4%
	4년 이상	0%

3) 산업용 부동산의 매각에 관련된 계약(Seller's Stamp Duty, SSD)

구입시점	보유기간	세율
2013년 1월 12일 이후	1년 미만	15%
	1년 이상, 2년 미만	10%
	2년 이상, 3년 미만	5%
	3년 이상	0%

4) 부동산의 임대에 관한 계약

1년분 임대료 총액	임대 인지세
SGD1,000 미만	면제
SGD1,000 초과	
임대기간 4년 미만	해당기간 총임대료의 0.4%
임대기간 4년 이상 혹은 무기한	해당기간 평균 연임대료의 4배의 0.4%

5) 주식의 매매 또는 무상양도 인지세는 거래가격 혹은 자산가치의 0.2%이다.

- 주식가격의 결정

- 상장기업 : 거래한 날의 싱가포르 주식시장의 평균가격
- 비상장기업 : 설립 후 18개월 이상(거래일 이전 24개월 이내에 작성된 재무제표상의 순자산가치), 설립 후 18개월 이내(회사가 자산이 없는 경우는 최초배당가격, 자산이 있는 경우, 순자산가치)

단 그룹 내의 법인 간에 주식양도를 하는 경우 일정 요건을 충족하는 경우에는 면세혜택을 받을 수도 있다.

3. 납부기한 및 납부방법

계약서 서명 전 인지세 납부를 원칙으로 하지만 싱가포르 국내에서 체결된 계약서에 대해서는 계약서의 체결일로부터 14일 이내, 싱가포르 국외에서 서명된 계약서에 대해서는 서류가 싱가포르에 도착한 날로부터 30일 이내에 납부 시 벌금을 부과하지 않는다.

실무적으로는 법인이 인지세의 납부가 필요한 거래를 하는 경우에는 Company Secretary를 통하여 회의록 작성이나 ACRA에 등기가 필요한 경우가 많으므로 Company Secreatry가 대신하여 인지세를 납부하고 해당 법인에 청구를 하는 경우가 많다.

제5절 자주 받는 질문

1) **질문 :** 싱가포르 법인세율은 일률적으로 17%가 적용되나요?

답변 : 법인세 기본세율은 17%이며, SGD200,000까지 소득구간에 따

라 일부 면세혜택을 받게 되며, 일부 세액을 감면해 주는 Tax Rebate 제도가 있어 실제 법인세율은 최저 4.25% 정도입니다. 소득 구간에 따라 일부 면세혜택의 차이와 Tax Rebate의 최대액 등이 적용되므로 실제 적용 세율은 세무전문가와 협의하시는 것이 좋습니다.

2) **질문** : 법인세는 언제 어떻게 신고를 해야 되나요?

답변 : 법인세 신고는 통상 연 2회 진행됩니다. 회계결산 마감일로부터 3개월 이내에 예정신고(Estimated chargeable income)를, 매년 11월 30일(전자신고의 경우 12월 15일)까지 확정신고를 IRAS에 하게 됩니다.

소규모회사의 업무 부담 및 비용 부담을 줄여 주기 위해 매출이 SGD5,000,000 이하이면서 과세소득이 없는 경우에는 예정신고가 면제되었으나, YA2020부터는 모든 회사가 예정신고를 하여야 합니다.

3) **질문** : 싱가포르 법인으로부터 배당을 받은 경우 개인소득세가 부과되나요?

답변 : 싱가포르의 세무시스템은 한국과 달리 One-Tier 시스템을 적용하므로 이미 법인의 소득에 대하여 법인세가 과세된 후 받은 배당에 대해서는 추가적인 세금을 부과하지 않습니다. 또한 해외로부터 싱가포르로 송금된 배당에 대하여 해당 배당이 원천 국가에서 과세되었다면(최고 법인세율 15% 이상) 싱가포르에서는 추가적인 과세를 하지 않습니다.

4) **질문** : 모든 회사는 반드시 외부감사를 진행해야 되나요?

답변 : 아닙니다. 다음 세 가지 조건 중 2가지 이상의 조건에 해당하면

Small Company로 분류되어 외부감사가 면제됩니다.

1) 연 매출액 SGD10M 이하

2) 총 자산 SGD10M 이하

3) 종업원 수가 50명 이하

그룹사에 소속된 회사의 경우, 그룹사 전체 규모가 위의 조건을 충족해야 외부감사가 면제됩니다.

외부감사를 진행하지 않는 소규모 기업은 약식감사로 외부감사를 대신할 수 있으므로 비용부담을 많이 줄일 수가 있습니다.

5) **질문** : 부가세는 분기별로 꼭 진행해야 되나요?

답변 : 연 매출액이 SGD1M을 초과하는 회사는 부가세업체 등록을 하여야 하며, 부가세등록업체가 아닌 경우 부가세신고의 의무가 없습니다.

부가세는 분기별로 진행하는 것이 일반적이지만, 월별 신고를 선택할 수도 있습니다.

6) **질문** : 회사 이사에게 지급한 소득에 대한 세금신고는 어떻게 진행되나요?

답변 : 이사가 싱가포르 거주자인 경우 일반개인소득세율이 적용됩니다. 하지만 비거주자인 이사(183일 이내 싱가포르 거주자)가 실제 사내이사의 역할을 담당하지 않는 경우 22%의 세율의 원천징수를 해야 하며, 이사가 비거주자 이사이면서 CEO, Managing director와 같은 사내이사의 역할을 담당하는 경우에는 원천징수의 대상은 되지 않지만, 일반 비거주자로서 과세됩니다(15%와 싱가포르 거주자 누진세율 중 높은 세율 적용).

본사 회계팀의 도움과 아토즈 싱가포르 컨설팅의 도움을 받아서 법인세 신고 및 납부를 완료한 **성(星) 차장**은 드디어 싱가포르 법인을 영업부터 세무보고까지 경험해 보았다는 성취감을 느낄 수 있었다. 한국과는 전혀 다른 환경 속에서 여러 사람의 도움을 받았지만 비전문가였던 자신이 이번 기회를 통하여 회계와 세무에 관한 지식을 쌓고 문제를 해결하는 과정 속에서 크게 성장한 것을 느낄 수 있었다. 싱가포르에는 세무와 관련하여 다양한 정부의 혜택이 있으나 잘 활용을 하고 있지 못한 부분이 있는 것 같아서 내년에는 이 부분을 좀더 준비하여 활용할 수 있는 방법이 없을지 컨설팅 회사에 검토를 의뢰하였다.

chapter 9

한국-싱가포르 조세조약

성(星)차장은 세무 관련된 자료를 검토하던 중 한국과 싱가포르는 오래전부터 조세협약을 맺고 양국간의 투자활성화와 이중과세 문제 해결을 위해서 노력해 왔다는 사실을 알게되었다. 싱가포르 법인을 운영하면서 조세협약을 이용하여 회사에 도움이 될 내용은 없는지 조세협약에 흥미가 생겨서 아토즈 싱가포르 컨설팅에 해설과 자사에 대해서 적용가능한 부분은 없는지를 검토해 줄 것을 요청하기로 하였다.

한국-싱가포르 조세조약

한국과 싱가포르 간 조세조약은 1979년에 체결되고, 1981년에 발효되었다. 조세조약은 일방의 거주자가 계약체결 상대방 국가에 거주할 경우의 양국간의 조세형평을 고려한 것이며, 양 국가의 조세권한이 우선 존중된다. 조약은 한국어와 영어로 작성되었으며 해석상의 차이가 있는 경우에는 영어본이 우선한다. 아래에 조세조약 중 중요한 부분을 요약하였으며, 상세한 내용을 확인하기 위해서는 국세청 홈페이지의 조약 전문을 참조해 주기 바란다.

제1절 조세조약 내용

1. 대상자(1조)

한쪽 혹은 양국가의 거주자인 인(개인, 법인)에게 적용된다.

2. 협정의 적용 대상이 되는 현행 조세 (2조)

- 싱가포르 : 소득세(Income Tax)
- 한국 : 소득세(Income Tax), 법인세(Corporation Tax), 주민세(Inhabitant Tax)

3. 거주자의 의미(4조)

거주자라 함은 해당 국가의 법에 따라 주소, 거소, 본점 또는 주사무소의 소재지, 관리장소 또는 유사한 성질의 다른 기준으로 인하여 해당 국가에서 납세의무가 있는 인(개인, 법인)을 의미한다.

4. 고정 사업장(5조)

고정 사업장이라 함은 기업의 사업이 전적으로 또는 부분적으로 영위되는 사업상의 고정된 장소를 의미한다.

5. 부동산 소득(6조)

부동산으로부터 발생하는 소득은 그러한 재산이 소재하는 체약국에서 과세할 수 있다.

6. 사업 이윤(7조)

싱가포르 기업의 이윤에 대하여는 그 기업이 한국 내에 소재하는 고정사업장을 통하여 한국 내에서 사업을 영위하지 아니하는 한 싱가포르에서만 과세한다. 기업이 전술한 바와 같이 사업을 영위하는 경우에는 그 기업의 이윤 중 동 고정사업장에 귀속시킬 수 있는 부분에 대하여서만 한국에서 과세할 수 있다.

7. 해운 및 항공운수(8조)

선박 또는 항공기의 국제운수 운행으로부터 발생되는 일방체약국의 기업의 이윤은 타방체약국의 조세로부터 면제된다.

8. 특수관계기업(9조)

- 한국의 기업이 싱가포르의 기업의 경영, 지배 또는 자본에 직/간접으로 참여하거나 또는
- 동일인이 한국의 기업과 싱가포르의 기업의 경영, 지배 또는 자본에 직접, 또는 간접으로 참여하는 경우에 그리고 어느 경우에 있어서도 양 기업 간에 상업상 또는 자금상의 관계에 있어 독립적인 양 기업 간에 설정되었을 조건과 다른 조건이 설정되거나 부과된 경우, 동 조건이 없었더라면 일방기업의 이윤이 되었을 것이 동 조건으로 인하여 일방기업의 이윤이 되지 아니한 것은 동 기업의 이윤에 가산하여 그에 따라 과세할 수 있다.

9. 배당(10조)

싱가포르의 거주자인 법인이 한국의 거주자에게 지급하는 배당에 대하여는 한국에서 과세할 수 있다. 수취인이 배당을 지급하는 법인 자본의 25% 이상을 직접 소유하는 법인에 해당되는 경우 배당총액의 10%, 그 밖의 경우 배당총액의 15%를 과세한다.

10. 이자(11조)

일방체약국에서 발생하여 타방체약국의 거주자에게 지급되는 이자에 대하여는 동 타방체약국에서 과세할 수 있다. 그러나 수취인이 동 이자의 수익적 소유자인 경우에는 그렇게 부과되는 조세는 이자 총액의 10퍼센트를 초과해서는 아니된다.

11. 사용료(12조)

일방체약국에서 발생하여 상대방체약국의 거주자에게 지급되는 사용료에 대하여는 동 상대방체약국에서 과세할 수 있다. 그러나 수취인이 동 사용료의 수익적 소유자인 경우에는 그렇게 부과하는 조세는 사용료 총액의 15퍼센트를 초과해서는 아니된다.

12. 양도소득(13조)

부동산의 양도로부터 발생되는 소득은 그 재산이 소재하는 체약국에서 과세할 수 있다. 일방체약국의 기업이 타방체약국 내에 가지고 있는 고정사업장의 사업용 재산의 일부를 형성하는 동산의 양도 또는 전문직업적 용역의 수행을 목적으로 일방체약국의 거주자가 이용할 수 있는 타방체약국내의 고정시설에 속하는 동산의 양도로부터 발생되는 소득 및 그러한 고정사업장(단독으로 또는 기업체와 함께) 또는 고정시설의 양도로부터 발생되는 소득에 대하여는 그 타방국에서 과세할 수 있다.

13. 인적용역(14조)

일방체약국의 거주자에게 발생하는 인적 용역(전문적 용역 포함)에 대한 급료, 임금 및 기타 유사한 보수 또는 소득에 대하여는, 그 용역이 타방체약국에서 수행되지 아니하는 한, 동 일방체약국에서만 과세한다. 그 용역이 타방체약국내에서 수행되는 경우에는 그 용역으로부터 발생되는 보수 또는 소득에 대하여는 동 타방체약국에서 과세할 수 있다.

14. 이사의 보수(15조)

일방체약국의 거주자가 타방체약국의 거주자인 법인의 이사회의 구성원 자격으로 취득하는 이사수당 및 이와 유사한 지급금에 대하여는 동 타방체약국에서 과세할 수 있다.

15. 예능인 및 운동가(17조)

연극, 영화, 라디오 또는 텔레비전 예능인이나 음악가와 같은 연예인 또는 운동가에 의하여 그들의 그러한 인적 용역으로부터 발생되는 소득에 대하여는 그 용역이 수행되는 체약국에서 과세할 수 있다.

16. 연금 및 보험연금(18조)

일방체약국의 거주자에 의하여 타방체약국으로부터 발생된 연금 및 보험연금에 대하여는 동 일방체약국에서 과세할 수 있다.

17. 교직자(19조)

타방체약국을 방문하기 직전에 일방체약국의 거주자이면서 그 타방체약국에서 권한있는 당국에 의하여 인정되는 대학교, 대학, 학교 또는 기타 이와 유사한 교육기관의 초청으로, 그러한 교육기관에서 강의나 연구 또는 이 양자의 목적만으로 2년을 초과하지 아니하는 기간동안 동 타방체약국을 방문하는 개인은 그러한 강의나 연구에 대한 그의 보수에 대하여 동 타방체약국의 조세로부터 면제된다

18. 이중과세의 회피(21조)

한국의 거주자인 경우 이중과세는 다음과 같이 회피된다. 외국납부세액공제에 관한 한국의 현행법 규정에 따를 것을 조건으로, 싱가포르에서 발생한 소득에 대하여 납부할 싱가포르의 조세는 한국 조세의 대상인 모든 소득에 대하여 납부할 한국의 조세에서 공제하도록 허용된다.

싱가포르 이외의 다른 나라에서 납부할 조세에 대한 싱가포르 조세의 세액공제에 관한 싱가포르의 법에 따를 것을 조건으로, 한국에서 발생한 소득에 대하여 납부할 한국의 조세는 동 소득에 대하여 납부할 싱가포르의 조세에서 공제하도록 허용된다. 그러나 공제는 공제되기 전에 계상된 그러한 소득의 항목에 적절한 싱가포르의 조세부분을 초과하지 아니한다.

19. 무차별(23조)

일방체약국의 국민은 타방체약국에서 동일한 사정하에 있는 동 타방국의 국민이 부담하고 있거나 또는 부담할지도 모를 조세 또는 이와 관련된 요건과

다르거나 또는 그보다 더 과중한 조세 또는 이와 관련된 요건을 부담하지 아니한다. 이 규정은 법에 의하여 일방체약국의 시민 또는 비거주자로서 법에 규정된 기타의 자에게만 부여되는 조세 목적상의 인적 공제, 구제 및 경감을 일방체약국의 거주자가 아닌 타방체약국의 국민에게 부여하여야 할 의무를 일방체약국에 부과하는 것으로 해석되지 아니한다.

20. 정보교환(25조)

양 체약국의 권한있는 당국은 본 협약을 시행하고 또한 양 체약국의 국내법에 의한 과세가 본 협약에 합치하는 한 이 협약의 대상이 되는 조세에 관한 양 체약국의 국내법을 시행하는 데에 필요한 정보를 교환한다. 그와 같이 교환된 정보는 비밀로 취급되어야 하며, 이 협약의 대상이 되는 조세의 부과, 징수 또는 시행에 관련되지 아니한 자 또는 당국에 대하여 공개되어서는 아니된다.

제2절 한국-싱가포르 조세조약의 시사점

조세조약을 통하여 싱가포르에서 사업하는 한국계 기업이 싱가포르에 관련 소득에 대하여 납부한 세금을 한국 내에서 해외납부 세액 공제를 받는 방법으로 싱가포르에서 발생한 소득에 대하여 싱가포르와 한국에서 이중으로 과세되는 것을 회피할 수 있으며, 한국과 싱가포르 간에 과세를 위한 정보수집이 광범위하게 이루어지게 되므로 한국에서 싱가포르에 투자하는 경우, 해외직접투자 신고 및 해외계좌신고 대상자는 신고 의무를 성실히 이행하기를 권유드린다. 싱가포르 법인의 성실한 세무신고와 납세를 진행하며, 매년 한국 내 해외직접투자 신고 후 사업실적보고를 충실이 이행하여 향후 한국 내에서 세무문제가 발생하는 것을 피하는 것이 좋겠다.

성(星)차장은 한국과 싱가포르 간의 조세조약의 내용을 확인하고 국제 조세조약의 내용을 이해하였으며, 국가 간 동일한 소득에 대하여 납세인이 양국에서 이중으로 세금을 납부하는 것을 방지하기 위해 해외납부 세액공제 등의 제도를 가지고 있다는 사실을 이해하게 되었다. 싱가포르 주재를 통하여 영업측면 뿐만 아니라 국제 조세에 대한 지식까지 얻게 되었다는 뿌듯한 마음을 가지게 되었다.

chapter 10
다자간 금융정보 자동교환 협정

성(星)차장은 최신 뉴스를 통하여 한국과 미국의 FATCA 협정과 다자간 금융정보 자동교환 협정에 대한 소식을 접하게 되었다. 이에 싱가포르와 한국 간 금융정보 협정의 내용, 교환금융정보의 내용, 일정 등에 대한 조사를 통하여 회사의 관련 대책 마련에 도움이 될 수 있도록 관련 정보를 수집하게 되었다.

다자간 금융정보 자동교환 협정

제1절 다자간 협정의 개요 및 이행규정

1. 다자간 금융정보 자동교환의 개요

다자간 금융정보자동교환 협정(MCAA: Multilateral Competent Authority Agreement on Automatic Exchage of Financial Account Information)은 경제협력개발기구(OECD) 및 G20을 중심으로 각국에 납세의무가 있는 고객의 금융정보를 교환하기 위하여 추진되었고, 협정에 가입한 국가의 과세당국이 상대국 거주자의 금융계좌정보를 매년 정기적으로 상호 교환하는 제도이다.

대한민국은 2014년에 다자간 금융정보 자동교환 협정에 가입하였고, 2016년 10월 14일 한국 - 싱가포르 간 자동교환 협정이 체결되었으며, 그 내용은 양국의 과세당국은 2017년 12월 말일자의 은행계좌 정보를 금융기관으로부터 수집한 후 2018년 9월부터 매년 자동교환하며, 공통보고기준(Common Reporting Standard, CRS)은 경제협력개발기구(OECD)에서 금융정보교환 협정의 효율적인 집행을 위하여 금융계좌 보고기준과 고객실사 절차 등을 규정한 것으로 2014년 7월 발표되었으며, 약 100여 개국이 합의하여 서명하였다. CRS는 금융기관에 요구되는 내용이며, 강화된 실사절차 수행을 통해 국가별로 금융기관의 신규 및 기존 고객의 납세 거주국가를 확인한 후, 고객의 납세 거주국가 세무당국 상호 간 금융계좌정보를 교환한다. 이를 준수하지 않는 금융기관은 각국 법령에 규정된 벌금 및 제재 대상이 되므로, 각 금융기관은 강화된 절차의 진행을 준비하고 있다. 싱가포르의 금융기관은 신규계좌 개설 시 개설자의 CRS 자진신고를 요구하고 있으며, 기존 계좌 보유자들에게도 순차적으로 CRS 자진신고를 요구하고 있다.

2. 금융정보을 위한 조세조약 이행규정

1) 회사의 보고 금융계좌 : 이행규정 제 4조 제 9항

보고 금융계좌는 금융계좌 중에 한 명 이상의 보고대상인이 포함된 금융계좌 또는 한 명 이상의 실질적인 지배자가 보고대상인인 수동적 비금융회사가 보유하는 금융계좌를 말한다. 금융회사는 실사 절차를 통해 금융계좌가 보고 금융계좌에 해당하는지 여부를 판단하게 된다.

- 실질적 지배자 : 단체에 지배력을 행사하는 자연인을 말하며, 단체의 지분이 100분의 25를 초과하여 보유한다면 실질적인 지배자로 볼 수 있다.(이행규정 제 5조 10항)
- 비금융회사 : 금융회사가 아닌 단체를 말한다.(이행규정 제 5조 11항)
- 수동적 비금융단체 : 능동적 비금융단체가 아닌 모든 비금융단체를 말한다. 보고대상 관할권의 금융회사가 아닌 투자단체는 항상 수동적 비금융단체로 취급된다.(이행규정 제 5조 12항)

  * 수동적 비금융 단체의 예 : 임대, 이자, 배당, 사용료 소득이 총 수입의 50% 이상인 기업으로 인적 노력 없이 원물(부동산, 금전 등)에 대한 과실소득을 주로 하는 회사로 지주회사, 부동산 임대업 등이 수동적 비금융회사로 볼 수 있다.

- 능동적 비금융단체 : 총수입의 50% 미만이 수동적 수입으로 이루어진 비금융 단체 등을 말하며(이행규정 제 5조 13항) 해당 단체가 [통계법]에 따른 산업에

관한 표준분류상 금융업, 보험 및 연금업 이외의 업종을 영위한다면 능동적 비금융단체라고 판단할 수 있다.(이행규정 제 12조 제 4항)

* 능동적 비금융단체의 예 : 어떠한 행위의 대가로 인하여 수입이 발생하는 회사로, 무역회사, 생산공장등이 능동적 비금융단체로 볼 수 있다.

보고대상 금융계좌의 경우 계좌주의 이름, 주소, 여권 등의 신상정보, 금융계좌 정보, 이자, 배당, 보험 및 금융소득이 보고되며, 법인 계좌의 경우 법인명 및 계좌 잔액도 보고된다. 만일 보고연도에 계좌가 폐쇄되었다면 폐쇄되었다는 사실만 통보된다.

정리 :

수동적 수익(배당, 이자 등)이 매출의 50% 이상인 회사의 경우, 25% 이상의 주식을 소유하고 있는 주주의 세무상 거주국에 계좌정보가 통보된다. 참고로 싱가포르 영주권자, EP 소지자로 계좌개설 시 거주 주소를 싱가포르로 신고한 경우, 세무상 거주국이 싱가포르로 인정될 가능성이 많다.

2) 개인 보고대상 계좌

- 소액의 기존 개인계좌(이행규정 제 9조)

연도 말 계좌잔액이 미화 100만달러 이하인 금융계좌로 계좌개설 시 신고된 거주지 주소로 보고 국가를 판단하게 된다.

- 고액 기존 개인계좌(이행규정 제 10조)

연도 말 계좌잔액이 미화 100만 달러를 초과한 금융계좌로 계좌개설 시 신고된 거주지 주소와 더불어 최근 수취한 계좌와 관련한 문서기록 검토와 해당 계좌를 담당하는 고객담당자를 통하여 보고 대상 계좌 여부를 판단하게 된다.

- 신규개인계좌(이행규정 제 11조)

2016년 1월 1일 이후 개설된 금융계좌로 계좌보유자로부터 본인확인기록과 본인확인서를 수취하여 보고 대상 계좌 여부를 판단하게 된다.

참고로 한국 조세재정연구원 홈페이지(http://www.kipf.re.kr/)에는 MCAA, CRS, CRS 주석서 및 핸드북 등의 국문 번역본이 게재되어 있으므로 참고 하면 좋겠다.

성(星)차장에게 홍콩이나 싱가포르의 금융의 이미지는 신문과 영화를 통하여 화려하지만 자금세탁이나 부정한 자금의 거래가 이루어지는 불법적 부분이 많을 것으로 예상하였지만, 다자간 금융정보교환협정등으로 금융거래가 투명화되고 있다는 사실을 이해하게 되었다. 또한 이와 관련된 정보를 한국본사에 보고하여 국제적인 금융제도의 변화에 대하여 본사차원의 이해를 돕고 회사의 사업계획이나 자금운영에 참고 하도록 하였다.

chapter 11
싱가포르의 가족생활

싱가포르회사의 사업이 본 궤도에 오름에 따라 한국에 남아 있는 **성(星)차장**의 부인과 자녀들이 싱가포르에서 함께 생활할 수 있도록 한국 본사가 승인함에 따라 성차장은 가족과 함께 거주할 아파트와 자녀들이 다닐 학교를 알아보게 되었다.

싱가포르의 가족생활

제1절 주택임대

1. 임대주택 정하기

1) 약속 잡기 : 집을 보기 위해서는 '예약'이 선행되어야 하므로 원하는 날짜 2~3일 전에 중개인과 연락하여야 하며, 여러 명의 에이전트와 진행하는 경우, 시간이 중복되지 않도록 여유있게 약속을 잡아야 할 것이다.

2) 예산(Budget) : 싱가포르에서 월 임대료는 위치나 교통의 편의성에 따라 가격이 편차가 많은 편이다. 월 임대료로 SGD2,000부터 많게는 SGD30,000 이 넘어가는 고급 콘도도 존재한다. 회사에서 정해 준 예산 내에서 혹은 개인 월 수입의 최대 25~30%를 넘지 않는 선에서 예산을 잡는 것이 좋을 것이다.

3) 위치 선정 : 가족들이 생활하기에 편한 곳이 최고의 입지가 될 것이다. 자녀들의 통학을 위하여 대중교통(MRT, BUS)이 편리한 곳, 쇼핑몰이나 슈퍼마켓, 산책로나 공원까지의 거리, 물론 사무실까지 소요되는 시간과 주변 도로에 상습 정체구간이 없는지 면밀히 확인하여야 한다. 대부분의 학교에서 통학 버스를 운행하지만 스쿨버스 비용이 만만치 않은 상황이다.

4) 집보기(Viewing) : 원하는 지역이 정해졌다면 부동산 중개인과 함께 예산에 맞는 집들을 보기 시작하는데, 집마다 집안 상태, 구비된 가구, 가전제품 상태, 특히 에어컨 상태를 살피면서 수리를 요하는 곳이 발견되면 메모나 사진이나 동영상을 찍는 것이 좋다. 선택한 집에 필요치 않은 가전제품이나 가구를 치워달라고 요구할 수 있으며 노후된 가전제품에 대해서 교체 혹은 수리를 요구하면 입주 후 번거로움과 시간을 절약할 수 있다. 한국에서는 남향을 선호하는 경향이 있으나 싱가포르는 더운 날씨로 인하여 거실 창문이 서향인 집을 선호하지 않는다. 인기가 있는 집으로는 동향이나 북향 중 햇빛이 조금이라도 들어오는 밝고 바람이 잘 통하는 집을 선호한다.

5) 콘도 내부 및 주변 확인 : 콘도 내부의 Facilities(공동 부대시설)를 확인하면서 청소 상태나, 방역 및 관리 상태가 잘 되어 있는지를 확인해야 하며 특히 공동 화장실을 살펴봄으로써 Management Office의 수준을 확인할 수 있다. 가능하다면 Management Office를 방문하여 공공시설 사용 절차나 방법 등에 대해 미리 숙지하고, 콘도 내에 살고 있는 지인이나 중개인의 조언을 통해 관심 있는 콘도의 교통이나 주변 환경 등을 미리 파악하는 것이 좋다.

2. 계약 절차

1) Letter of Intent(의향서) 작성 : 적당한 집을 결정하였다면, 중개인은 임대인에게 전달할 임대 시작일, 렌트비, 계약기간 및 필요한 사항들을 명기한 Letter of Intent를 작성한다. 이 의향서를 전달 시에는 임대 의사를

확실히 하기 위해 첫 달치 임대료를 수표나 머니오더(Money Order, 송금수표)와 함께 임대인에게 전달되는 것이 일반적이다.

2) Tenancy Agreement(임대 계약서) 작성 : 임대인이 Letter of Intent에 사인을 했다면 일반적으로 1주일 이내에 Tenancy Agreement 를 작성하게 된다. 부동산 중개인의 조언을 받아 계약서 내용을 꼼꼼히 살펴 임대 기간 중 있을 수 있는 임대인과 논쟁의 소지를 줄어야 한다.

3) Stamp Duty(인지세) : 임대인과 계약서 작성이 완료된 후, 14일 이내에 인지세를 세무국(IRAS)에 납부하게 된다. 부동산 중개인에게 의뢰한다면 인터넷을 통해 간단히 Stamp Duty Certificate(인지세 증서)를 얻을 수 있으며 임대인에게 Certificate 를 보여 주면 된다.

4) 집 양도 받기 : Stamp Duty Certificate를 발급받았다면 임차계약에 따르는 모든 공식적인 서류작업을 완료했다고 볼 수 있으며 계약서 내용에 따라 법적인 보호를 받을 수 있다. 임대인이나 임대인 쪽 부동산 중개인과 미리 약속을 잡고 집을 양도받게 되는데 이때 임대인이 구비한 가구나 가전제품을 확인하며 Inventory List(물품 목록)를 작성하게 된다. 임대한 집을 언젠가는 임대인에게 같은 조건으로 돌려주어야 하기에 퇴거 시 임대인과 사소한 분쟁을 없애기 위해 집안 흠집이나 마모 상태에 대해 사진이나 동영상을 찍어 보관하는 것이 좋으며 수리를 요하는 부분이 있는지 집안 구석구석을 면밀히 살펴볼 필요가 있다.

3. 거주 중 문제발생

입주 후 한 달 이내에 발생한 하자나 수리를 요하는 부분이 있으면 임대인에게 수리 요청을 할 수 있다. 물이 새는 곳이 없는지, 작동이 안 되는 가전제품이 있는지 하나씩 점검하는 것이 필요하다. 보통 전구, 형광등과 같은 소모품은 임차인이 비용을 부담하며, 설비의 노후 등으로 인하여 발생하는 문제의 경우에는 임대인이 비용을 부담한다. 단 명확한 규정이 있는 것이 아니므로 책임 소재가 불명확할 경우에는 비용 부담을 둘러싸고 갈등이 발생할 수 있으므로 집에 문제가 있을 경우 임의로 수리를 진행하지 말고, 우선 임대인에게 문제를 통지하고 처리방법을 협의하는 것이 좋다.

4. 재계약 혹은 계약종료

계약 만기 2개월 전부터 일반적으로 재계약의 교섭이 시작된다. 갱신시점에 집의 인테리어나 설비 중 교환의 필요가 있는 경우에는 임대인에게 변경을 요청하게 되고 주변 임대료의 변화가 있을 경우에는 쌍방이 반영하여 조정할 수 있다.

계약 해지시에는 임대인에게 2개월 전에 통보를 하면 계약을 해지할 수 있다.(실제로는 계약서 내용에 따라 진행되므로 계약서를 따른다.) 만약 임차인의 사정으로 계약종료 전 계약을 해지해야 하는 경우 계약서에 명기된 벌칙조항에 따라서 벌금을 지불한 다음 계약을 해지할 수 있다.

계약만료 후 집 열쇠를 임대인에게 반납하기 전 집 상태를 가능한 한 깨끗한 상태로 만들어서 반환하는 것이 일반적이다. 계약서상에 나온 조항이 있는 경우, 지불한 에어컨 청소 영수증, 커튼 드라이크리닝 영수증, 집안 청소 영수증 등은 꼭 지참하여 임대인에게 보여 주어야 한다. 원상복구의 의무가 있으므로 임대 기간 동안 파손 등이 발생했을 경우 수리비용 등을 보증금에서 제하고 돌려주는 경우도 있다.

제2절 자녀 교육

싱가포르는 치안이 안전하고 수준 높은 교육기관과 다양한 국제학교가 있으며, 영어와 중국어를 동시에 배울 수 있는 환경으로 많은 한국인 학생들이 싱가포르에서 교육을 받고 있는 상황이다. 한국에서 비행기로 약 6시간이면 도착할 수 있고 다국적 기업들의 아시아태평양 본사가 싱가포르에 많이 있어 졸업 후 취업에 있어서도 장점이 많다. 특히 싱가포르 부모들의 학구열은 한국 부모들 못지 않아 매년 수학, 과학 올림피아드에서 세계 상위권을 차지하고 있다.

1. 싱가포르의 교육환경

싱가포르 교육은 크게 공립학교와 국제학교로 구분할 수 있다. 공립학교는 교육부에서 모든 과정을 진행하며, 국제학교는 각 학교별로 학교의 특성에 맞게 교육과정을 진행하게 된다.

공립학교 경우, 학제는 초등학교 6년, 중학교 4년 또는 5년(4년-Express, 5년-normal), 고등학교 2년으로 되어 있고 국제학교 경우는 G1부터 G12까지 있다.

1) 유치원

싱가포르도 한국처럼 대부분 맞벌이를 하므로 많은 유치원이 개설되어 있다. 크게 로컬 유치원과 국제학교 유치원으로 나뉘는데 로컬 유치원과 국제학교 유치원 모두 만 18개월부터 만 6세까지 입학이 가능하지만 일부 국제학교 유치원의 경우 학교마다 입학 연령이 조금씩 다를 수 있다.

(1) 한국계 유치원

싱가포르 한국 국제학교 내에 한국계 유치원이 모두 3개 학년으로 나누어 운영되고 있다. 한국인 교사와 외국인 교사의 공동 담임제로 한국어를 바탕으로 한 이중언어 교육을 실시하고 있다.

N2(Nursery 2): 만 4세

K1(Kindergarten 1): 만 5세

K2(Kindergarten 2): 만 6세

(2) 공립 유치원

공립 유치원은 싱가포르 교육부(MOE)에서 설립한 유치원이다.

종일제를 운영하는 Childcare와 하루 3시간씩 운영하는 Kindergarten 이 있다. 나이에 따라 아래와 같이 반이 나뉜다.

N1(Nursery 1): 만 3세

N2(Nursery 2): 만 4세

K1(Kindergarten 1): 만 5세

K2(Kindergarten 2): 만 6세

공립유치원들은 외국인들은 다닐 수 없고 영주권자(PR)이나 시민권자 또는 부모가 Working Pass를 가지고 있는 자녀들만 다닐 수 있다.

Childcare : HDB 근처 또는 시내 회사 근처에도 많이 있어 주로 맞벌이 부부들이 이용한다. 오전 7시~오후 7시까지 운영되며 본인이 원하는 시간대(오후 1시까지 반, 오후 5시까지 반, 오후 7시까지 반)를 선택할 수 있다. 만 1세부터 만 6세의 아이를 하루 종일 돌보아 주는 곳으로 아침부터 저녁까지 계속해서 교육만을 진행하기 어려우므로 대신 하루 일과를 정해 놓고 생활 교육부터 시작하여 학습까지 다양한 활동을 하게 된다. 유치원비는 매달 납부하며 시간과 시설에 따라 다양하고 스쿨버스는 운행하지 않는다.

Kindergarten: Kindergarten은 오전 9시~12시 또는 오후 12시~3시까지 운영되어 원하는 시간을 고를 수 있다. 하루 3시간의 일정이 학습 시간표에 맞추어 수업 위주로 진행된다. 시험과 숙제가 있고 초등학교 분위기와 비슷하여 초등학교 입학 직전의 아이들에게 적합하다. 유치원비는 보통 학기 당(10주) SGD900~SGD1,500 정도 하고 학기 사이에 방학이 있다. 대부분 스쿨버스를 운행하므로 편리하다.

(3) 사립 유치원

대표적인 사립 유치원이 몬테소리 유치원이다. 많은 외국인들이 이곳에 아이들을 보내고 있으며 교육비는 유치원마다 다르고 풀타임의 경우 매월 SGD 2,000 정도 비용이 든다.

(4) 국제학교 유치원

거의 모든 국제학교에서 유치원을 개설하고 있으며, 학교마다 교육비와 교육특성의 차이가 많으므로 향후 상위 진학을 원하는 국제학교의 유치원을 선택하는 것이 유리하다.

2) 공립학교(초, 중, 고교)

싱가포르의 교육은 세계적으로 우수성을 인정받고 있어 싱가포르로 유학을 오거나 주재원으로 오시는 분들은 공립학교를 많이 고려하는데 이는 장점도 많지만 단점도 많다.

장점

- 학비가 싸다.(연간 초등학교 약 SGD8,000~SGD9,000, 중학교 SGD12,000~SGD14,000)
- 영어와 중국어를 동시에 배울 수 있다.
- 수학, 과학, 영어 경쟁력이 높아서 세계 명문대학 진학율이 높다.
- 유학 후 한국으로 돌아 갔을 때 경쟁력이 높다.

단점

- 지나치게 경쟁적인 분위기로 자유롭고 창의적 교육을 원하는 학생이나 부모님에게는 맞지 않다.
- 싱가포르식 영어 발음을 배우게 된다.
- 외국인의 입학이 점점 어려워지고 있다.

(1) 초등학교(Primary)

총 6년 과정으로 2학년 때 성적으로 3학년부터 우열반을 운영한다. 매 2년마다 반이 바뀌고 6학년 때에는 졸업시험(PSLE - Primary School Leaving Exam)을 보고 성적에 따라 중학교를 지원하게 된다.
외국에서 온 학생들의 경우, 공립학교 편입이 거의 어려운 실정이다. 연 2회 교육부에서 주관하는 AEIS(Admission Exercise for International Students) 시험을 통해 합격을 하면 편입이 가능하다.

AEIS 시험 일정

- AEIS : 매년 9월 말 시험, 12월 중순~하순 합격자 발표, 1월부터 등교
- S-AEIS : 매년 2월 말 시험, 4월 중순 합격자 발표, 4월 말부터 등교

AEIS 시험 과목

- 영어 : 객관식, 주관식(영어 단어 등 난이도가 높음)
- 수학 : 객관식, 주관식(문제가 영어로 출제, 영어사전 사용 불가)

공립학교는 총 4 학기(term - 각 term은 10주씩)로 되어 있고 아래와 같다.

학기구분	기간	방학
1학기(Term 1)	1월 2일 ~ 3월 초	1주 방학
2학기(Term 2)	3월 중순 ~ 5월 말	4주 방학
3학기(Term 3)	6월 말 ~ 9월 초	1주 방학
4학기(Term 4)	9월 중순 ~ 11월 중순	6주 방학

(2) 중학교(Secondary)

학제는 4년(Express) 또는 5년(Normal)으로 되어 있다. PSLE 시험 점수를 통하여 지원하게 되므로 학교별로 상위권, 하위권이 나뉘어진다. 한국에서 공부하고 유학오는 경우 AEIS 시험을 통해 편입을 하게 되는데 학교 배정 시 하위권으로 배정 받을 경우, 동급생들의 학력이 낮으므로 'O -Level' 시험(중학교 졸업 시험)에서 좋은 성적을 기대하기 어렵다.

(3) 고등학교(Junior Colleage-2년) 또는 폴리테크닉(Poly Technique-3년)

중학교 4학년 또는 5학년 때 보는 'O-Level(Ordinery Level)' 시험을 통해 고등학교에 진학하는데 중학생 전체 인원 중 약 10% 정도만 진학한다.

나머지 학생들은 폴리테크닉(전문대 과정)으로 진학해서 다양한 전공을 공부할 수 있다. 폴리테크닉을 졸업하게 되면 전문 인력으로 바로 취업이 가능할 뿐 아니라 대학교 진학도 할 수 있다.

고등학교 2학년 때 'A-Level(Advanced Level)' 시험(대학 입학 시험)을 통해 대학에 진학하게 된다.

3) 국제학교(초, 중, 고교)

싱가포르에는 다양한 국가에서 다양한 문화의 사람들이 모여 국제학교도 아주 다양하다.

미국계, 영국계, 캐나다계, 호주계, 인도계 등 많은 국제학교에서 학생들을 모집한다. 영어가 모국어가 아닌 학생들을 위해 ESL 과정을 운영하는 학교도 있으며 네이티브 수준의 영어 실력을 갖춘 학생들만 모집하는 학교들도 있으므로 학교 선정시 잘 확인하여야 한다.

대부분의 국제학교는 8월이나 9월부터 학기를 시작하며 교과과정은 학교의 특성에 따라 다를 수 있다.

입학이나 편입을 위해서는 교장 및 입학 담당자와의 인터뷰와 영어시험을 보고 이전 학교의 성적증명서도 확인한다. 싱가포르 시민권자 여부와 형제자매가 재학 중인지, 부모가 학교의 직원인지의 여부에 따라 입학 우선순위가 다르다.

4) 대학교

싱가포르에는 총 3개의 국립대학(NUS, NTU, SMU)이 있고 많은 사립대학 분교들이 있다.

싱가포르 국립대학교들은 아시아 최고의 대학이자 세계 최상위권 대학으로 평가받고 있다.

싱가포르 국립대학 입학의 핵심은 고등학교 내신성적과 A-Level, SAT, IB 등의 국제적으로 공인받는 시험 점수이다.

한국학생들의 경우 글로벌 교육환경에서 암기, 선행 위주의 교육이 아닌 토론, 호기심, 창의, 전인적 교육으로 받으면서 영어와 중국어의 어학능력으로 싱가포르 내 중·고등학교 교육을 마치고, 한국 내 명문대학, 싱가포르 및 홍콩대학교, 미국, 영국, 호주 등의 명문대학에 다수가 진학하고 있다.

2. 학교의 입학/ 편입방법

1) 초등학교 입학/편입

한국에서 초등학교를 다니던 학생이 싱가포르로 이주하여 바로 국제학교에 들어가는 경우 부모와 학생 모두 영어에 대한 마음의 준비가 필요하다. 영어원어민 학생이 많은 학교가 반드시 좋은 것은 아니며 오히려 영어 실력이 부족할 경우 아이가 자신감을 잃고 열등감에 빠지는 경우가 발생할 수 있다. 당연히 모든 수업이 영어로 이루어지며 숙제도 영어로 해야 하므로 초기에는 학생, 부모 모두의 노력이 필요하다. 영어 환경에만 노출될 경우 한국어 및 관련 지식이 부족하여 향후 한국으로 귀국 시 적응에 어려움을 겪을 수 있다. 따라서 가정에서 한국어 및 관련 지식을 습득할 환경을 만들어 주는 것도 중요하다. 한국 국제학교(http://skis.or.kr)에서는 한국인 학생들의 한국어 교육을 위하여 토요한글학교 프로그램을 운영하고 있다.

2) 중/고등학교 입학/편입

중학교, 고등학교 과정에 입학 혹은 편입하는 경우에는 졸업 후의 진로 등을 고려하여 진학학교를 결정 해야 한다. 학교에 따라서 학습 과정에 차이가 있어 중점 학습내용이 다르므로 앞으로의 계획과 지금까지 배운 내용을 고려할 필요가 있다. 따라서 학교를 결정하기 전에 주위의 경험자나 전문가의 의견을 듣고 종합하여 결정할 필요가 있다.

싱가포르의 국제학교들은 11, 12학년 때 대부분 IB(International Baccalaureate) 프로그램을 운영한다.

IB 프로그램은 일반 고등교육 프로그램과 달리 수준 높은 교육 프로그램으로 학생들에게 양질의 교육을 제공하고 대학 입시에 있어서도 많은 혜택이 주어진다. 현재 미국 명문대를 비롯하여 많은 대학들이 IB 프로그램을 대학생 입학 선발 기준에 적극적으로 반영하고 있는 추세이다.
IB 프로그램의 특징은 학생들로 하여금 특정 학문에 편중되지 않고 모든 학문 영역을 두루 이수하도록 한다는 것이다.
총 45학점이며 영어, 제2외국어, 사회, 과학, 수학, 선택 과목의 총 6개 그룹으로 나뉘어져 있고 그 외 에세이, 기초지식 분야, 봉사 활동이 있다.

3. 유명 국제학교 리스트

학교명	홈페이지
Australia International School(AIS) 호주 국제학교	https://www.ais.com.sg/
Canadian International School(CIS) 캐나다 국제학교	https://www.cis.edu.sg/
Chatsworth International School 영국 국제학교	http://www.chatsworth.com.sg/
Dover Court International School(DCIS)	https://www.nordangliaeducation.com/our-schools/singapore
Global Indian International School(GIIS) 인도 국제학교	https://sg.globalindianschool.org/home
Hwa Chong International School(HCIS) 화총 국제학교	http://www.hcis.edu.sg/
International Community School(ICS) 미국 국제학교	https://www.ics.edu.sg/
ISS International School(ISS) 미국 국제학교	http://www.iss.edu.sg/
Nexus International School(NIS) 영국 국제학교	http://www.nexus.edu.sg/
Overseas Family School(OFS) 미국 국제학교	https://www.ofs.edu.sg/
Stamford American International School(SAIS) 미국 국제학교	https://www.sais.edu.sg/
Singapore American School(SAS) 미국국제학교	https://www.sas.edu.sg/
St.Joseph's Institution International School(JIIS) 영국 국제학교	https://www.sji-international.com.sg/
Tanglin Trust School(TTS) 영국 국제학교	https://www.tts.edu.sg/
UWC South East Asia(UWCSEA) 영국 국제학교	https://www.uwcsea.edu.sg/

제3절 싱가포르의 의료환경

싱가포르의 의료수준은 한국과 비교하더라도 아시아에서 높은 수준을 유지하고 있다. 공립병원들은 정부의 지원하에서 최신 기자재 등을 도입하고 있으며, 사립병원 역시 최신 기자재 및 치료법을 도입하여 많은 외국인들이 치료를 위하여 싱가포르를 방문하고 있다. 의사의 경우 싱가포르 내의 의과대학 졸업자뿐만 아니라 졸업 이후 영국, 미국 등의 유학을 통하여 최신 의료를 접한 의사들이 많은 편이다.

싱가포르의 병원은 다양한 전문과를 가지고 있는 종합병원부터 소규모의 동네 클리닉까지 다양한 규모가 있다. 공립과 사립으로 나뉘어져 있으며 비용의 차이가 크므로 상황에 맞게 이용할 수 있다. 진찰을 받기 위해서는 개인정보 등록을 위하여 ID나 여권이 반드시 필요하다.

싱가포르에서 일반의사(주로 내과의사)의 진찰을 받은 다음 전문의를 소개받아서 전문의의 진찰과 치료를 받는 것이 일반적인 과정이다.

일반적으로 의사들은 환자와의 의사소통을 중시하므로 현재 상황이나 향후 치료방법등에 대해서 상세하게 설명을 해주는 편이며, 환자가 궁금한 사항에 대해서 질문을 하는 경우에도 친절하게 대응을 해주는 것이 일반적이다. 환자의 중요한 병력이나 약물 알레르기가 있는 경우 사전에 병원이나 의사에게 알려주어야 좀더 정확한 진료를 받을 수 있다.

1. 국립병원

싱가포르에 거주하는 사람이라면 누구나 저렴한 비용으로 공립 의료시설을 이용할 수 있다. 공립 의료시설이라고 하더라도 의료 수준이 높으며, 필요에 따라서 최첨단 치료를 저렴한 비용으로 이용가능한 것이 공립병원의 가장 큰 특징이다. 한국인의 입장에서 공립병원에 대한 인상은 한국의 보건소의 이미지가 강하여 의료의 질이 낮다고 생각하기 쉬우나 싱가포르의 경우에는 반대로 공립병원의 질이 사립병원보다 높은 경우가 많고, 사립병원의 의사들이 공립병원의 최신 설비를 임차하여 수술을 하는 경우도 있다.

다만 공립병원의 단점은 환자의 선택이 한정된다는 점이다. 사립병원의 경우 예약을 통하여 의사를 환자가 선택할 수 있고, 대기 시간이 짧다는 장점이 있으나, 공립병원의 경우에는 환자의 선택권이 제한되는 경우가 많다. 사립병원의 25% 이하의 비용으로 동일한 치료를 받게 되므로 병원의 대기시간이 매우 길어 몇 시간씩 대기하는 것이 일반적이며, 급하지 않은 수술의 경우 몇 개월에서 몇 년 후에 수술일정이 결정되기도 한다.

한국 교민들의 경우, 일반적으로 언어의 문제와 시간의 문제로 공립 병원을 선택하지 않고 사립병원을 이용하거나 한국을 방문하여 치료를 받고 있지만 응급 상황의 경우나 중병의 경우에는 공립 병원을 이용할 수밖에 없는 상황이 생길 수도 있으므로 주변에 통역이 가능한 사람을 확인해두는 것이 좋다.

대표적인 공립병원은 Tan Tock Seng Hospital, KK Women's and Chidren's Hospital, Changi General Hospital, Sengkang Health Hospital, Khoo Teck Puat Hospital 등이 있다.

2. 사립 병원

많은 한국인들이 일반적으로 이용하는 것이 사립병원이다. 사립병원도 동네의 소규모 클리닉부터 대규모 종합병원까지 다양한 의료기관이 존재하여 선택의 폭이 넓다. 종합병원의 경우에는 예약 등을 통하여 원하는 의사에게 진찰을 받을 수도 있으며, 치료방법에 대해서도 환자의 의견을 적극적으로 반영하는 경우가 많다. 한국은 국가 의료보험제도의 운영으로 치료방법이나 사용가능한 약품의 가격이 보험에 따라서 통제되고 있어 사립 병원의 이용료가 매우 저렴한 편이지만, 싱가포르는 국가 의료보험 제도가 없으므로 병원의 의사가 진료 방법을 정하고 치료약을 전적으로 결정할 수 있는 권한을 가지고 있고 치료비 또한 자율적으로 정할 수 있으므로 사립병원의 이용비용은 한국에 비하여 상당히 높은 편이다. 사립병원의 경우, 공립병원에 비해 2배 ~ 3배 이상 병원비가 비싼 상황이며 싱가포르 정부에서 발표한 '컨디션에 따른 싱가포르 병원비용'에 따르면, 예를 들어 맹장 제거 수술의 병원비는 개인병원 1인실을 이용한 경우 약 SGD20,000이고, 공립병원 병원 1인실의 경우 약 SGD5,000이 발생한다.

대표적인 사립병원은 Raffles Hospital, Thomson Medical Center, Mount Elizabeth Novena Hospital, Gleneagles Hospital, John Hopkins Singapore International Medical Hospital, Parkway East Hospital 등이 있다.

3. 치과

싱가포르의 치과의사는 일반 치과의사와 전문 치과의사로 구분된다. 일반적으로는 우선 일반 치과의사의 진찰을 받은 다음 보다 전문적인 치료가 필요한 경우에 전문 치과의사의 진찰을 받는 것이 일반적이다. 신경치료, 사랑니 제거 등은 전문 치과의사의 진료를 받게 된다.

전문 치과의사에 의한 고도의 치료의 경우 치료비도 고액인 경우가 많으므로 사전에 해당 치료에 관하여 비용을 안내 받은 후 치료를 결정해야 한다. 참고로 스켈링의 경우, SGD100에서 SGD180 정도 되며, 상대적으로 고액의 치과 치료비로 인하여 일부 교민들의 경우, 한국 방문 시 치과치료를 받는 경우도 있으며, 최근 한국계 치과병원도 개원하여 언어적인 어려움 없이 한국 치과의사의 진료를 받을 수도 있다.

4. 개인의료보험

1) 입원보험(In- Patient)

싱가포르의 병원입원보험에 가입하면, 싱가포르에서 발생하는 모든 수술이나 질병치료(6시간 이상의 입원)에 대한 보장이 가능하다. 각종 수술, 장기이식수술, 사고로 인한 치과치료, 정신과 입원 치료 등이 포함된다. 더불어 싱가포르 외의 나라에서 발생하는 사고로 인한 병원치료(Emergency overseas treatment)도 청구할 수 있으므로, 한국 또는 타 국가에서 여행중에 발생하는 사고에 대하여 병원비 부담을 덜 수 있다.(보험 약관을 반드시 확인)

싱가포르 병원입원보험은 나이, 병원, 병실(1인실, 4인실, 8인실 등), 영주권소지 여부 등에 따라 보험료가 다르다. 공립병원이 커버되는 보험료가 사립병원이 커버되는 보험료보다 절반 정도 저렴하며, 4인실이 1인실보다 보험료 일부가 저렴하다. 참고로 싱가포르의 모 보험회사의 병원보험료는 만 30세의 외국인(EP, SP, WP, DP 등), Private 병원 1인실이 커버되는 보험료는 1년에 SGD878, 공립병원 1인실은 1년 보험료가 SGD485이다.

2) 외래보험(Out-Patient)

일을 하거나, 공부를 하거나, 운동을 하거나 일상 생활속에서 지내다 보면 의도치않게 작은 사고나 질병이 발생하는 경우가 있다. 수술이나 중대 질병이 아닐 경우에는 보통 동네 클리닉이나 한의원, 척추병원 등에서 진료와 치료를 받게 된다. 클리닉이나 한의원, 척추병원 등에서 보장받을 수 있는 보험이 상해보험이다. 상해보험은 사고로 인한 진료뿐만 아니라 수족구병, 뎅기열, 지카 바이러스, 조류독감, 사스 등 21개 질병에 걸렸을 경우에도 보상을 받을 수 있다. 싱가포르 로컬 보험 회사의 보험료는 보통 한 달에 SGD18부터이며, 플랜에 따라 다양하다.

제4절 은행계좌 개설 및 신용카드

국제금융도시 싱가포르라는 이름에 걸맞게 거리에는 수많은 은행이 있으며, 가까운 거리에 은행의 지점들이 있어서 선택의 폭은 넓은 편이다. 가장 많이 사용하는 은행은 DBS, UOB, OCBC 등으로 모든 지역에 지점과 ATM 기계가 존재하여 사용이 편리하다. 시티은행은 한국에서 시티은행 계좌가 있을 경우 송금, 환전 등에 있어서 이용이 편리하여 선호한다.

1. 개인 은행계좌 개설하기

최근 전세계적으로 탈세, 자금세탁 등의 문제가 이슈화 되면서 싱가포르의 금융 감독 관청(MAS)에서 은행에 신규 계좌개설 시 계좌주의 계좌개설 목적과 비자의 취득 여부를 확인하도록 하면서 계좌개설이 어려워진 상황이다.

외국인의 경우, 일반적으로 여권, 싱가포르 ID, 현 주거 주소를 증빙할 수 있는 영문서류(관공서, 은행, 유틸리티 비용 등의 인보이스)를 지참하고 은행을 방문하여 개인계좌를 개설하게 되며, 실제 필요서류는 개설하고자 하는 은행에 다시 한번 확인하는 것이 좋다. 이사 후 유틸리티를 신청할 때는 부부 각각의 이름으로 분리해서 신청하는 것이 향후 계좌개설 시 주소를 증빙할 수 있는 서류로 활용가능하므로 좋다.

또한 부부 중 한 사람만이 워킹비자를 취득하고 배우자가 DP비자를 가지고 있는 경우 DP비자를 소유한 배우자의 경우, 본인의 개인은행계좌를 개설하지 못하고, 워킹비자를 가진 배우자와 Joint Account(공동예금계좌)를 개설해야 하는 불편함이 있을 수 있다.

싱가포르 은행들의 경우 잔고의 많고 적음으로 고객을 분류하고 세분화, 차별화 된 서비스를 제공하는 것이 일반적이다. 한국과 달리 개인계좌의 종류에 따라 일정 평균 잔고를 유지하지 못하는 경우 은행과 계약한 매월 계좌 유지 수수료가 출금될 수 있으므로 주의하여야 한다. 그리고 카운터에서 업무를 보는 경우에 수수료가 발생하는 경우가 있으므로 사전에 주의해야 한다. 예를 들어 현금을 카운터에서 일정 금액 혹은 일정 매수 이상 입금하는 경우, 이종통화를 입출금하는 경우에 수수료가 발생할 수 있으므로 은행의 서비스요율표를 미리 숙지하는 것이 좋다. 한국과 달리 예대마진이 거의 없는 싱가포르에서는 모든 은행의 유인 서비스는 수수료가 발생한다고 봐야 한다.

2. 수표 사용하기

한국에서 경험하지 못한 금융 서비스 중의 하나가 개인 수표를 발행하는 것이다. 싱가포르에서는 각종 서비스 비용 지불이나 개인간의 송금 대신 수표를 발행하여 지불하는 경우가 많다.

일부 은행의 경우, 계좌개설 시 저축계좌(Saving Account)와 당좌계좌(Current Account)가 각각 개설되며 수표를 발행하면 당좌계좌에서 출금되므로 수표를 발행하기 전에 당좌계좌의 잔고를 확인하는 것이 좋으며, 수표를 받는 경우에는 수표가 부도처리될 수 있으므로 정확한 수령을 위해서는 일반 수표가 아닌 "Cashier's Order" 수표의 발급을 요구하는 것이 좋다.

3. 신용카드 발급받기

한국에서 가져온 한국 신용카드만를 계속해서 사용하기에는 수수료 부담 등 불편함이 많으므로 싱가포르에서 취업하여 일정한 수입이 있는 경우에는 신용카드를 새로 발급받는 것이 좋다.

주거래 은행에서 신용카드를 발급받는 경우에는 은행계좌와 연동되어 카드대금 결제가 이루어져 편리하다.

신용카드의 부가서비스가 한국만큼 많지는 않으나 카드 회사별로 다양한 이벤트, 특별 할인 등을 제공하는 경우가 있으므로 생활하면서 본인의 라이프 스타일에 적합한 신용카드를 신청하는 것이 좋다.

신용카드를 신청하기 위해서는 일반적으로 다음의 자료가 필요하다.

- 여권 및 싱가포르ID
- 싱가포르에서의 소득증명 서류(고용 계약서, 최근 3개월 급여 입금 명세서)

- 싱가포르 거주지 주소증빙 서류(은행 명세서, 유틸리티 비용이 인보이스 등)

카드 회사에 따라서는 추가 자료 요구나 카드 한도만큼의 예치금을 요구하는 경우도 있으므로 카드 신청 시에 확인이 필요하다.

제5절 주싱가포르한국대사관 관련 업무

싱가포르에 거주하는 대한민국 국적자는 여권의 발급, 사증란 추가 및 각종 신고 및 수속절차를 밟기 위해서는 주싱가포르 대한민국 대사관을 통해서 업무를 진행하게 된다.

1. 재외국민등록

'재외국민등록법'에 따라서 외국의 일정한 지역에 계속하여 90일 이상 거주 또는 체류할 의사를 가지고 해당 지역에 체류하는 대한민국 국적자는 재외국민등록을 해야 한다. 따라서 싱가포르에 거주하기 시작한 날로부터 30일 이내에 영사관에 재외국민등록을 해야 한다. 이는 유사시에 거주지 관할 공관을 통하여 긴급연락을 취하거나 신변안전 보호를 위해서 꼭 필요한 것이다. 영사관을 직접 방문하거나, 인터넷, 우편, FAX를 통하여 신청이 가능하다. 귀국이나 타국 이주 등 변경 사항이 있을 경우에는 변경 신청서를 영사관에 제출해야 한다.

2. 여권 관련업무

여권의 유효기간 만료나 분실에 따른 재발급, 사증란 추가의 업무 등을 진행한다. 사전에 준비해야 할 자료에 대해서 홈페이지에서 확인을 한 다음 방문하는 것이 좋다.

3. 각종 가족관계 신고

1) 출생신고

출생 후 1개월 이내에 반드시 출생신고를 해야 하며, 지연될 경우 과태료 제재를 받을 수 있다. 싱가포르 이민국이 발행한 출생증명등록서(Certificate of Extract from Register of Birth)와 한글 번역본, 부모의 여권 원본과 사본을 제출해야 한다.

2) 사망신고

사망사실을 안 날로부터 1개월 이내에 반드시 사망신고를 해야 한다. 싱가포르 이민국이 발행한 사망증명등록서(Certificate of Extract from Register of Death)와 한글 번역본, 사망자의 여권 원본, 싱가포르 ID의 원본과 사본을 제출해야 한다.

3) 혼인신고 및 이혼신고

한국인과 싱가포르인이 싱가포르에서 혼인 신고를 한 경우 한국에도 혼인신고를 해야 한다. R.O.M에서 혼인증명등록서(Certified copy of an entry in a Marriage Register)를 발급받아 3개월 이내에 신고가 이루어져야 하며 지연 시 과태료 처분을 받을 수 있다. 혼인증명등록서 원본, 싱가포르정부 공증을 받은 사본, 한글 번역본, 부부의 여권 원본 및 사본을 제출한다.

4) 이혼신고

양국에 혼인신고가 된 경우 싱가포르에서 우선 이혼절차를 밟고 한국에서도 이혼 신고절차를 밟게 된다. 한국에만 혼인신고가 된 경우에는 협의이혼 신고절차를 밟게 된다.

4. 영사확인

대한민국의 행정부처에서 업무상 필요로 하는 문서에 대해서는 해당 문서가 관할 구역 내에서 발행되었다는 사실 혹은 영사관을 경유하였다는 사실에 대해서 영사확인이 가능하다.

싱가포르의 경우, 아포스티유 조약에 서명하지 않았으므로 싱가포르정부에서 발행된 문서나 싱가포르 내에서 작성된 사문서에 대해서는 영사관이 인정한 변호사의 공증을 받고 영사확인을 받아 한국에 제공하여야 한다. 영사관이 인정한 싱가포르 변호사의 리스트는 영사관 홈페이지에서 확인할 수 있다.(자세한 내용은 제3장 제5절 공증 및 아포스티유 참조)

5. 사서인증

영사관이 당사자가 법률행위 등을 하고 작성한 사문서의 서명날인이 본인의 의사에 의한 것이 틀림없다는 것을 확인하고 그 사실을 증명하여 주는 것이나 내용을 검토하여 사실 여부 혹은 진위를 확인해 주는 것은 아니므로 주의가 필요하다.

6. 재외선거

재외선거에 참여하기 위해서는 투표권을 가진 대한민국 국민이 3개월 이상 해당 지역에 거주할 것이라는 것을 확인하는 재외선거 등록 신청을 우선 싱가포르 영사관에 해야 한다. 최근에는 대통령 선거와 국회의원 선거가 싱가포르 대사관에서 진행되었다.

7. 주소 및 연락처

주소 : 47 Scotts Road Goldbell Towers Singapore 228233

연락처 : (+65) 6256-1188,

업무시간 외 긴급연락처: (+65) 9654-3528 (사건사고),

FAX: (+65) 6258-3302

업무시간 :

- 영사민원(여권/공증/비자 등): 09:00~16:30 (월-금, 점심시간 : 12:30~14:00, 비자업무 09:00~11:30),
- 대사관 업무시간: 09:00~17:00

제6절 한국으로의 귀국준비

한국으로의 귀국이 결정되면 시간대별로 반드시 처리해야 할 일들이 있으므로 귀국이 결정되면 시간과 기회비용을 절약하기 위하여 상세한 계획을 세워서 진행하여야 한다.

1. 각종 계약의 해지

임대 주택, 각종 유틸리티, 휴대폰, 인터넷 등 계약기간이 남아 있는 계약사항들의 해지를 진행해야 한다. 특히 위약금이 발생하는 계약의 경우에는 우선 현재의 상황과 사유를 이야기하면 내용을 확인한 다음 위약금을 면제시켜주는 경우도 있으므로 한국으로 귀국하는 비행기표, 회사 내의 발령 관련 서류 등을 준비하여 해지 관련 상담을 받는 것이 좋다. 주택 계약이나 유틸리티 계약의 경우 계약 해지 후 보증금을 수표로 발행해서 지불하는 경우가 자주 있으므로 사전에 계약을 해지하더라도 보증금을 돌려받기 전에 은행계좌를 해지 할 경우 돌려받은 보증금을 현금화할 수 없으므로 반드시 현금화 후 계좌를 해지해야 한다.

2. 관공서 서류 제출

주싱가포르 한국대사관에 재외국민 변경에 따른 변경신청서를 제출해야 한다. 그리고 귀국일로부터 1개월 전까지 싱가포르 세무국에 개인소득세 신고서를 제출하여야 귀국하기 전 싱가포르에서 개인소득세에 대해서 정리를 하고 마무리할 수 있다. 만약 개인소득세 납부가 기한을 넘기거나 지연될 경우에는 향후 싱가포르 방문 혹은 사업 시 문제가 될 수 있다.

3. 자녀의 전학 및 편입학 수속

우선 싱가포르에서 재학 중인 학교에 귀국 사실을 알리고 재학증명서, 성적증명서, 졸업 서류 등 귀국 후 편입학 및 전학에 필요한 서류를 발급받는다.

학교에 따라서 장시간을 기다려야 하는 경우도 있으므로 빨리 학교에 통보하고 발급 가능시점에 대해서 상의를 하는 것이 좋다.

귀국 후 한국에서 편입학할 학교를 찾아서 사전에 상의를 하는 것이 좋다. 한국과 싱가포르의 학제가 다르므로 나이와 다르게 학년이 배정될 수 있으니 한국쪽의 학교와 이 부분을 정확하게 협의하는 것이 좋다.

4. 이사 준비하기

주재원의 경우 회사와 계약관계에 있는 업체가 있는 경우가 많으므로 사전에 회사에 이사에 관한 조건을 확인하는 것이 좋으며, 국제운송으로 세관통과 등의 절차를 거쳐야 하므로 Door-to-Door로 이사를 진행해 줄 수 있는 업체를 선정하는 것이 편리하다. 이후 짐을 귀국 후 바로 필요한 짐, 바로 필요 없는 짐으로 나누어 운송방법을 다르게 하는 것이 비용을 절감할 수 있는 방법이다. 한국 세관의 해외이주 시 면세조건을 확인하여 해당 면세조건 충족 여부도 확인해 봐야 할 사항이다.

업체명	전화번호
롯데글로벌로지스(주)	+65-6341-9569
LOM 해외이사	+65-6841-8127

성(星)차장은 부장 승진과 함께 베트남 생산법인의 설립책임자로 임명되어 본사의 배과장과 베트남에 부임하게 되어 싱가포르에서의 생활을 정리하게 되었다. 차장으로 싱가포르에 진출하여 싱가포르에서의 재임기간 동안 신규 싱가포르 법인의 안정화와 훌륭한 영업실적을 인정받은 결과이다. 다행히 베트남에는 싱가포르 진출을 도와준 아토즈컨설팅 그룹의 하노이지사가 이미 진출해 있어 다소 안심이 되는 상황이다. 새로 발령받아 나오는 후임 법인장에게는 좀더 편안한 회사생활과 현지 생활을 할 수 있도록 모든 걸 알려주고 돌아갈 생각이다

SINGAPORE